나는 죽음의 과정을 손에 잡힐 듯이 다시 들여다보고 싶었다.
가능하다면 낱낱이. 이 책을 통해 임종을 맞은 이들을 그린 그림,
숨이 끊어진 이들을 애도하는 그림과 조각, 그리고 마침내 돌아온
이를 묘사한 그림을 차례로 살펴볼 것이다. 평온하게 숨을 거두는
모습을 떠올리기 쉽지만 인간사는 죽이고 죽임을 당하는 사연으로
가득하다. 살해하고 살해당하는 이들의 이야기 또한 죽음을 다룬
미술사에 자리를 주어야 한다고 생각한다. 이밖에도 죽음의 안팎,
이 세상과 저 세상을 넘나드는 시선 속에 놓인 유령이라는 존재도
함께 다루려 했다.
이미지는 죽어 사라지는 것, 죽어 없어져 보이지 않게 되는 존재를
위해 만들어졌다. 이미지 속에서 죽음은 물질적이고 구체적이다.
죽음을 운명으로 짊어진 인류가 죽음에 저항하다 끝내 죽음을
받아들일 수 있게 하는 존재가 이미지다. 거창하게는 인류의
숙명을 의식하며 소박하게는 죽음을 견디는 데 보탬이 되기를
바라며 예술 속에 드러난 죽음을 이야기하려 한다.

────── '들어가며' 중에서

Si Vis Vitam,
Para Mortem

일러두기

—— 외국 인명, 지명 등은 외래어 표기법에 의해 표기하는 것을 원칙으로 했으나,
일부 명칭은 통용되는 방식에 따랐다.

—— 그림의 원어명은 화가의 국적에 맞추었다.

—— 그림은 〈 〉, 책은 『 』로 표기했다.

—— 인용구의 출처는 하단에 기록했다.

Si Vis Vitam,
Para Mortem

죽음을 그리다

이연식 지음

예술에 담긴 죽음의
여러 모습, 모순들

시공사

… 언제부터였을까. 아버지의 의식이 저편으로 사라진 건.

많은 사람이 병상의 아버지를 찾아왔다. 그때마다 나는 아버지의 눈빛을 살폈다. 그렇게 하면 어떤 단서라도 찾을 수 있을 것처럼 그의 눈에서 일어날 격동을 기대했다. 어쩌다 추억과 정념의 흐름이 파도처럼 몰려오는 게 읽힐 때도 있었다. 이제는 영원히 풀지 못하는 수수께끼다.

상주(喪主)가 되었다. 상주는 장례(葬禮)라는 배에 내걸린 깃발 같은 존재다. 자신이 무엇을 생각하고 느끼는지 겉으로 드러내서도, 알려서도 안 된다. 아버지가 계시지 않을 앞날을 생각할 겨를도 없다. 장례가 잘 진행되고 있는지, 다음 순서는 무엇인지…. 조금의 공백은 문상객이 메운다. 그 때문인지 장례식의 상주는 고인을 잃은 슬픔에 묘한 거리를 두게 된다. 오르락내리락하는 슬픔과 애도의 파도를 마치 남의 일처럼, 잘 알지 못하는 어르신의 장례식에 예의상 찾아온 문상객처럼 거리를 두고 바라본다.

가장 어려운 문제는 죽음의 불가해함이다. 아버지는 '순리대로 헤라' 하셨다. 무슨 뜻이었을까? 당신도 정확히 그게 무슨 뜻인지 아셨을 것 같지 않다. 아버지는 딱 한마디밖에 할 수 없을 순간을 위해, 생의 마지막 말로써 적합한 말을 골라 놓으셨던 것 같다.

· 목차 ·

조용한 들판을   달린다면

우리는 '죽음'을 자주 말하다 못해 입에 달고 산다. 죽겠다, 죽고 싶다, 죽을 것 같다는 표현을 작은 투정에도 쉽게 사용한다. 실제 죽음이 갖는 위압적인 무게에 견주어 볼 때 괴상할 정도다. 그런 주문으로 죽음을 잊고 살아가는지도 모른다. '죽음은 아무것도 아니다.' 그러다 전혀 의외의 상황에서 켜켜이 쌓아 온 죽음의 무게가 한꺼번에 터져 버린다. 즐거운 시간을 보내다가, 잠을 자고 있다가, 친구와 헤어져 들어오는 길에, 문득 부모님의 얼굴을 바라보다가.

영화 《글래디에이터》를 볼 때 그랬다. 로마 장군 막시무스는 공격을 앞둔 부하 기병들에게 멋진 연설을 한다. '소란스러운 전장을 달리다가 문득 조용한 들판을 달리는 자신을 발견하게 되면, 너희들은 죽은 것이다.' 두려움과 흥분에 사로잡힌 병사들에게는 도움이 되었던 듯하지만, 따져 보면 도무지 이치에 맞지 않다. 막시무스 또한 '조용한 들판'을 달린 적이 없는데 어떻게 그 느낌을 알 수 있을까? 누군가 그곳을 먼저 달렸던 사람에게 들은 이야기였을까? 하지만 그곳을 달렸던 사람은 이곳으로 돌아와 알려 줄 수 없다. 당연하다. 그는 이미 죽었을 테니까. 이 영화에는 여러 죽음이 등장하지만 나는 '조용한 들판'을 달렸을 누군가의 죽음에 사로잡혔다.

죽음은 저편이다. 막시무스는 저편의 이야기를 했다. 그의 이야기가 제법 마음에 들었다. 고통 없이, 꿈을 꾸는 듯이 평화로운 세상을 보게 되리라. 아, 그걸 봐도 좋겠지만 보지 않아도 좋다. 그건 자네가 전투의 아비규환 속에서 살아남아 승리의 기쁨을 누린다는 의미니까.

장의사나 법의학자가 아닌 이상 죽은 이를 접할 일은 극히 드물다. 죽음은 대부분 소식이고 기억일 뿐, 현재가 아니다. 엄밀히 말해 내 일이 아니다. 나 자신이 죽음을 맞이하는 순간에는 죽음을 생각할 수 없을 것이다, 라고 말하지만 이 또한 알 수 없다. 어쨌든 죽음을 맞으면서 진실이나 통찰을 발견한다 해도 산 자들에게 남길 방도가 없다. 간혹 자신이 죽었다가 돌아왔다고 주장하는 이들이 있지만 그들의 증언은 신뢰하기 어렵고, 그나마도 소략하고 불분명하다.

죽음은 피할 수도 없고 설명할 수도 없다. 그래서 죽음에 대한 생각은 아주 오래전부터 '이미지'를 빌려 전승되었다. 롤랑 바르트와 수전 손택 같은 이들은 사진이 죽음의 매체라는 점을 지적했다. 사진만이 아니라 인류가 지금껏 만들어 온 이미지 전체가 죽음과 관련된다. 이 주제로 미술사를 묶기 시작하면 작품의 태반을 끌어올 수 있다.

나는 죽음의 과정을 손에 잡힐 듯이 다시 들여다보고 싶었다. 가능하다면 낱낱이. 이 책을 통해 임종을 맞은 이들을 그린 그림, 숨이 끊어진 이들을 애도하는 그림과 조각, 그리고 마침내 돌아온 이를 묘사한 그림을 차례로 살펴볼 것이다. 평온하게 숨을 거두는 모습을 떠올리기 쉽지만 인간사는 죽이고 죽임을 당하는 사연으로 가득하다. 살해하고 살해당하는 이들의 이야기 또한 죽음을 다룬 미술사에 자리를 주어야 한다고 생각한다. 이밖에도 죽음의 안팎, 이 세상과 저 세상을 넘나드는 시선 속에 놓인 유령이라는 존재도 함께 다루려 했다.

이미지는 죽어 사라지는 것, 죽어 없어져 보이지 않게 되는 존재를 위해 만들어졌다. 이미지 속에서 죽음은 물질적이고 구체적이다. 죽음을 운명으로 짊어진 인류가 죽음에 저항하다 끝내 죽음을 받아들일 수 있게 하는 존재가 이미지다. 거창하게는 인류의 숙명을 의식하며 소박하게는 죽음을 견디는 데 보탬이 되기를 바라며 예술 속에 드러난 죽음을 이야기하려 한다.

I.

Si Vis Vitam, Para Mortem

죽음을

맞이하다

죽을 때 곁을 지킨다는 건 무엇을 의미할까? 곁을 지키지 못하면 안타깝고, 곁을 지킨다면 그나마 다행일까? 사람들은 자신이 침대에서 주변 사람들이 지켜보는 가운데 세상을 떠날 거라고 당연하듯 전제한다. 은연중에 임종은 따뜻하고 평화로이 마지막을 맞는 자리라고 짐작하기 때문이다. 실제로는… 존엄을 지키기 어렵다.

죽음을 지켜보는 쪽에서는 당연히 사랑하는 이의 임종 순간을 지켜 주고 싶다. 죽음을 맞이하는 쪽에서는? 밀란 쿤데라의 소설 『불멸』의 주인공 아녜스는 교통사고로 중상을 입는다. 생이 얼마 남지 않았음을 알게 된 그녀에게, 의사와 간호사들은 남편 폴이 달려오고 있다고 알린다. 조금만 더 버티면 남편을 볼 수 있을 거라고. 병원으로 달려오던 폴은 아내가 겪은 사고에 놀라고 아내가 살아나지 못할 거라는 사실에 절망했지만, 아내가 숨을 거두기

Si Vis Vitam, Para Mortem

전에 병원에 도착하는 걸 실낱같은 희망으로 삼아 필사적으로 움직였다. 병상에 누운 아녜스의 생각은 달랐다. 그녀는 남편이 병원에 도착하기 전에 죽을 수 있기를 열망했다. 소설가가 어느 쪽의 손을 들어주었는지는 중요하지 않다. 둘 중 한 사람은 좌절할 수밖에 없다.

✤

천재의   임종

✤

후회 없이 보낸 하루가 행복한 잠을 불러오듯,

후회 없이 살아온 일생은 행복한 죽음을 불러온다.

르네상스를 대표하는 예술가이자 천재의 대명사인 레오나르도 다 빈치Leonardo da Vinci의 말이다. 우리는 그의 삶 전체가 눈부셨을 거라 짐작하지만 중년 이후로는 만족스러운 성취를 거두지 못했다. (예술가는 일흔 가까이 살았다.) 그리고 예순이 훌쩍 넘은 1516년 말에 이탈리아를 떠나 프랑스로 건너갔다. 프랑스 왕 프랑수아 1세는 레오나르도를 초빙하기 위해 공들였으며, 자신의 품에 들어온 예술가에게 훌륭한 저택과 많은 급여를 하사했다. 이미 나이 들고 몸도 불편했던 레오나르도(1519년에 죽음을 맞는다)가 프랑스에서 어떤 일을 했는지는 구체적으로 알 수 없다. 추측만 해 볼 뿐이다. 프랑스로 갖고 갔던 〈모나리자〉를 줄곧 손보았을 것이라고도 하고, 프랑스 왕이 새로 지은 성을 설계했을 거라고도 하고, 궁정 안팎에서 거행된 여러 행사를 연출했을 거라고도 한다.

프랑스 왕이 레오나르도를 무척 좋아했으며, 그와 이야기 나누는 데서 커다란 즐거움을 누렸을 거라고 짐작할 수는 있다. 어쨌거나 나이 는 예술가의 몸은 점점 노쇠해 갔고, 마침내 1519년 6월 1일에 숨을 거두었다.

온 세상이 다 아는 위대한 예술가 레오나르도 다 빈치의 임종은 어떤 모습이었을까? 레오나르도가 임종하는 장면은 프랑스 신고전주의 예술가 앵그르Jean Auguste Dominique Ingres가 그린 그림으로 널리 알려져 있다. 침대에 누운 레오나르도의 머리를 왕이 받치면서 그의 얼굴을 그윽한 눈길로 내려다본다.

세상에 전하는 마지막 말. 레오나르도와 프랑수아의 마지막 대면에 대해서는 이런저런 상상을 하게 된다. 레오나르도 다 빈치에 대한 거창한 전기를 쓴 월터 아이작슨은 그가 자신의 몸을 표본 삼아 프랑수아에게 인간의 장기가 작동하다 마침내 기능이 정지하는 국면을 설명하는 모습을 떠올렸다.

앵그르의 그림은 천재 예술가와 누구보다 예술을 사

장 오귀스트 도미니크 앵그르,
⟨레오나르도 다 빈치의 죽음La Mort de Léonard de Vinci⟩, 1818

랑했던 군주가 마지막으로 서로를 향한 애정과 신뢰를 확인하는 감동적인 장면을 보여 준다. 자세로 보건대 조금 전까지 레오나르도는 침대에서 몸을 일으키고 있었던 것 같다. 죽음이 침대맡까지 왔어도 군주가 왔으니 예를 차렸겠지. 아이작슨의 상상대로 품위 있는 대화를 나누었을지도 모른다. 프랑수아는 편히 쉬라며 레오나르도의 몸을 손수 눕히는 참이다. 예술가와 왕의 얼굴은 바짝 붙어 있으니 서로의 체취를 콧속 가득 채웠을 것이다. 레오나르도 쪽은 의식이 선명하지 않을 테고, 프랑수아는 슬픔과 안타까움 속에서도 자신 앞에서 벌어지는 '위대한 천재의 죽음'이라는 미증유의 사건을 차분하게 바라본다.

그런데 앵그르가 〈레오나르도 다 빈치의 죽음〉을 그린 건 그가 세상을 떠난 지 3백 년이 다 되어 가는 1818년 일이다. 앵그르는 이들을 묘사한 과거의 이미지를 참조해야만 했다. 여기서 레오나르도의 모습은 오늘날 우리에게 그의 대표 이미지처럼 받아들여지는 '토리노 자화상'이 아니다. 이 작품은 1839년에야 '발견'되어 세상에 알려졌으니 앵그르로서는 알 수 없는 노릇이었다. 앵그르는 조르조 바사리의 『예술가 열전』을 비롯하여 당대에 유포되었던 레오나르도의 이미지를 바탕으로 삼은 듯하다.

프랑수아 1세의 얼굴은 앞서 몇몇 화가가 그린 초상화가 남아 있었지만 앵그르는 티치아노 Vecellio Tiziano 가 그

〈토리노 자화상Ritratto di Vecchio〉
(이 작품은 현재 진위를 심하게 의심받고 있다.)

프란체스코 멜치Francesco Melzi,
〈레오나르도 다 빈치의 초상Ritratto di Leonardo〉, 1516년경

린 그림을 거의 그대로 가져왔다. 티치아노의 그림에서 프랑수아는 고개를 돌려 측면을 지그시 바라보고 있으나 앵그르는 이 구도를 아래쪽을 내려다보는 옆얼굴로 요령 좋게 바꿔 넣었다.

흰 수염이 가득한 레오나르도의 얼굴과 그를 마주한 프랑수아의 젊은 얼굴은, 레오나르도 자신이 노인과 젊은 이를 그린 소묘를 연상시킨다. 젊고 아름다운 청년이 늙은 남성과 마주 보는 그림이다. 두 인물의 비례가 어긋나기 때문에 두 사람이 실제로 마주 보는 모습이라기보다는 한쪽 인물을 먼저 그리고, 그다음에 그를 바라보듯이 반대 방향으로 나머지 인물을 그린 것으로 보인다. 그림 속 청년은 레오나르도가 자신의 젊은 시절 모습을 그린 것이라고도 하고, 아끼던 제자 살라이를 그렸다고도 한다. 둘 다일 수도 있다.

수려한 외모를 지녔던 살라이가 레오나르도에게는 자신의 젊은 날을 상기시켰다고도 한다. 실제로 레오나르도는 큰 키에 다부진 체격을 가졌고, 얼굴도 잘생겼다. 그래서였는지 살라이는 행실이 문란한 골칫덩어리였지만 레오나르도는 그를 아끼다 못해 질질 끌려 다니다시피 했다. 살라이가 레오나르도의 연인이었다는 추측도 있다. 레오나르도는 젊고 아름다운 제자들을 대하면서 자신이 늙어 가는 것을 의식했던 듯하다.

레오나르도 다 빈치,
〈노인과 젊은이 Studio di due volti: un uomo anziano e un giovane〉, 1495년경

맞이하다

앵그르의 그림은 꺼져 가는 생명과 한창 절정을 향해 내달리는 혈기 방장한 젊은이의 얼굴을 대비시킨다. 젊은이(프랑수아)는 공손하고 신중한 태도를 보이지만, 그러면서도 묘하게도 무람하게 노인(레오나르도)을 바라본다. 쇠멸의 양상을 빠짐없이 눈에 담겠다는 욕망처럼 읽힌다. 마치 자신은 늙거나 죽지 않을 것처럼. 레오나르도는 얼핏 군주를 쳐다보는 것처럼 보이지만 사실 군주를 똑바로 바라보지 못한다. 어느덧 의식이 멀어진다.

앵그르의 그림 말고도 레오나르도의 임종을 그린 그림이 이따금 나왔는데, 대부분 19세기 이후의 작품이다. 다들 프랑수아가 레오나르도의 침상 곁에 있는 모습을 묘사했다. 이것이 사실에서 어긋난다는 지적은 일찍부터 있었다. 레오나르도가 숨을 거둘 즈음 프랑수아는 포고문에 서명했는데, 서명 장소가 레오나르도의 거처에서 말을 달려 사흘 거리였다는 것이다. 그렇다면 프랑수아가 레오나르도의 임종을 지켜보는 장면은 불가능한 일이 된다. 한편에서는 당시 국왕이 포고문에 서명할 때 쓰는 기입 날짜가 꼭 실제 날짜였던 건 아니라면서 사실 쪽에 가능성을 열어 두기도 한다.

프랑수아는 레오나르도의 임종을 보았을 수도 있고, 보지 않았을 수도 있다. 포고문 때문이 아니라도 다른 일로 바빴을 가능성은 얼마든지 있다. 굳이 따지자면 레오

　　　　　　　　　　　I.　　　**죽음을**

나르도의 임종을 보지 못했을 가능성이 더 높지 않을까? 이랬을 수도 있고 저랬을 수도 있는데도 이런 식으로 따지는 건 프랑수아가 레오나르도의 임종을 맞았더라면 좋았을 것이라는 소망을 바탕에 깔고 있다. '임종'이라는 극적인 결말이야말로 천재와 군주에게 어울리는 그림이니까. 실제로는 결코 극적이지도 또 명쾌하지도 않다. 이제는 레오나르도 다 빈치의 임종에 관한 기록도, 심지어는 무덤조차 찾을 수 없다. 먼지처럼 역사와 세월 속에 사라졌다.

✣

아르스　모리엔디

✣

중세 유럽인들은 아르스 모리엔디Ars Moriendi를 중요하게
여겼다. '죽음의 기술' 정도로 번역할 수 있다. '잘 죽는 기
술'이라고 옮길 수도 있겠지만 그렇게 말하면 '죽어서 잘
되었다'라는 뉘앙스를 띠게 되니까 난감하다. 아무튼 오
래전부터 사람들은 약속이나 하듯 죽기 직전에 불경한 말
을 하면 지옥으로 끌려갈 것이라고들 믿었다. 그래서 아
르스 모리엔디가 필요했다.

　임종 직전에 한 말 때문에 인생을 죄다 망치고, 지옥
으로 갈 거라고 믿었다니! 중세의 삶에서만이 아니다. 우
리도 일상에서 재수 없는 말을 하지 말아야 한다고 늘 주
의한다. '말이 씨가 된다'고들 한다. 나는 늘 궁금한 것이,
왜 긍정적인 말은 성취되지 않고 반대로 부정적인 말은

쉬이 이루어진다는 것일까? '로또에 당첨될 거다'라고 하면 허황된 소리를 한다며 빈축을 사기 일쑤다. 반대로 '사고가 일어날 것 같다'거나 '시험에 떨어질 거다'라고 말하면 큰일 날 소리라고들 한다. 말을 통해 제 몫 이상을 얻을 수는 없을 거라 생각하면서도, 거꾸로 말을 통해 제 몫조차 잃을 수도 있다고 여긴다. 이렇게 따지면 말의 위력은 부정적인 방향으로만 작용하는 셈이다. 실은 말을 대하는 이들이 갖는 두려움이 너무 크기 때문이다. 이제 선택의 순간이다. 뛰쳐나가 행운을 잡을 것인가, 물러앉아 불운을 막을 것인가?

임종의 순간을 묘사한 그림에서 임종 당사자에게는 두 가지 선택지가 제시된다. 신의 말씀에 귀를 기울이거나 악마의 꾐에 넘어가거나. 히에로니무스 보스Hieronymus Bosch의 〈수전노의 죽음〉이 전형적이다. 제목 그대로 지금 침상에 앉은 이는 살아가는 동안 인색했다. 하지만 아직 기회가 있다. 마지막 순간에라도 회개하면 구원받아 천국으로 갈 것이다. 죄와 복의 무게에 대한 생각은 늘 모순을 맞닥뜨려야 했다. 평생 온갖 패악을 부렸던 자라도 마지막 순간에 회개하면 구원받는 걸까? 평생을, 혹은 평생의 대부분을 스스로를 억제해 가며 신실하게 살았던 사람은?

이런 생각이 들 수도 있다. '늘 수고롭게 억제하며 살

히에로니무스 보스, 〈수전노의 죽음 De Dood van een Vrek〉, 1494-1516

I.   죽음을

필요가 없지 않을까?' 마지막에 회개하면 되니까 말이다. 교회는 이런 물음에 대답이 궁하다. 그래서 죽은 다음에 영혼이 저울에 달리는 그림이 많다. 여기서 저울에 미처 달지 못했던 가치들을 죽음 저편에서 마저 달아 보아야 하기 때문이다.

침상에 일어나 앉은 수전노를 둘러싼 모습은 참담하다. 요컨대 생전에 그가 의지했던 돈과 물질은 죽음을 앞두고서는 전혀 도움이 되지 않는다. 음식물에 벌레가 꼬이듯이 괴물과 악마들이 그가 억척스레 모아 둔 돈에 꼬이고 있다. 해골 형상을 한 '죽음'이 문을 열고 빼꼼 고개를 내민다. 침대 곁에서는 꼬마 악마가 앞발을 뻗어 돈주머니를 챙기고 있고, 침대의 천개 위편에서도 악마의 졸개가 냉담하게 수전노를 내려다본다. 빠져나갈 구멍이 없다. 하지만 천사가 그의 어깨에 손을 얹고 창문에 걸린 십자가를 주목할 것을 권한다. 이쯤 되면 십자가를 택하지 않기도 어려워 보이니 우리가 수전노의 영혼을 걱정할 필요는 없을 것 같다.

다만 그게 아니니까 문제라면 문제다. 수전노의 시선은 뭔가에 박혀 있다. 대체 무엇을 보고 있으며 무슨 생각을 하고 있을까? 적어도 천사의 권유는 잘 먹히지 않는 듯하다. 수전노는 미망에 사로잡혀 있는 걸까? 물욕? 아집? 죽음이 풍기는 매혹?….

사드 후작이 쓴 단편 『사제와 죽어가는 자의 대화』는 죽음을 앞둔 익명의 인물이 사제와 나눈 대화를 담았다. 사제는 죽어 가는 자를 교화하려 하지만 죽어 가는 자는 죽음을 전혀 두려워하지 않는다. 오히려 사제의 말씀에 저항하며 육체의 쾌락이야말로 인생의 궁극적인 의의라고 주장한다. 일반적인 임종 분위기와는 달리 열띤 대화를 주고받다 죽음이 임박해서 (당연하게도) 죽어 가는 자가 힘이 빠지면서 끝난다. 결론은? 사드 후작답게 죽어 가는 자가 사제에게 자신과 함께 쾌락을 누려 보자고 권한다.

> 이제 나의 마지막 순간이 다가오고 있네, 햇살보다
> 아름다운 여자 여섯 명이 지금 옆방에 있어. 바로
> 이 순간을 위해서 내가 대기시켜 놓았지. 자네도
> 동참하게나. 나처럼 여자들이나 품고서, 그 모든
> 미신의 허망한 궤변을 잊도록 해 보게. 위선이 낳은
> 어리석은 착각들일랑 깡그리 잊어버리라구.†

그때까지 죽어 가는 자의 논리에 맞서던 사제도 자신의 소임을 던져 버리고는 쾌락에 동참한다는 게 소설의 결말이다. 죽어 가는 자가 아니라 사제가 교화되었다. 노

---

† 『사드 전집 1: 사제와 죽어가는 자의 대화』, D. A. F. 드 사드 지음, 성귀수 옮김, 워크룸프레스, 2014, 36쪽

골적인 묘사는 없지만 경건한 가르침을 부정하고 쾌락을 삶의 의미로 여기던 사드의 입장이 잘 드러난다.

사드는 나름대로 이상적인 죽음을 제시했다. 어찌 보면 순진할 만큼 낙관적인 시각이다. 임종의 침상에서 사제의 말에 토를 달 수 없는 건 신심이 넘쳐서만은 아니다. 죽음을 앞둔 자는 성욕도, 기세도 수그러진다. 사드의 소설은 강력한 인본주의의 표명이다. 바로 인간이 자신의 신념을 끌어안고 죽을 수 있으리라는 믿음이다.

장군의   죽음

❖

1759년 9월 13일. 프랑스인들이 캐나다에 건설한 도시 퀘벡 근처의 아브라함 평원에서 영국군과 프랑스군이 전투를 벌였다. 치열한 사격전 끝에 프랑스군이 패주했고 영국군은 승리를 거두었다. 이때 영국군 지휘관 울프 장군은 언덕에서 전쟁 상황을 살피다가 적의 총탄에 아랫배를 맞는다. 〈울프 장군의 죽음〉은 그의 임종을 그렸다. 이 그림을 그린 벤저민 웨스트Benjamin West는 미국 출신이지만 영국으로 이주해 활동하며 큰 성공을 거두었다.

근처에 있던 병사가 외쳤다.

"적이 도망칩니다!"

쓰러져 있던 울프 장군은 눈을 뜨고는 어찌

벤저민 웨스트, 〈울프 장군의 죽음The Death of General Wolfe〉, 1770

되었느냐고 물었다. 프랑스군이 후퇴한다는 말을
듣고 말했다.

"이제 주님을 찬양하라. 나는 평화롭게 죽는다."

울프는 천천히 숨을 거두었다.

왼쪽의 몇몇이 손가락으로 화면 바깥 어딘가를 가리
킨다. 전열이 무너진 프랑스군이 퀘벡 성벽으로 도망치고
있으며, 이제 퀘벡은 영국군의 수중에 떨어진다는 걸 가
리킨다. 이미 혼이 빠진 듯한 표정에서 느껴지듯 울프 장
군에게서는 지휘관에게 기대하는 강건함은 전혀 보이지
않는다. 그는 어디까지나 연약한 희생자다. 이 그림은 일
종의 제의를 표현한다. 승리는 장군을 제물로 바쳐 얻었
다. 등장인물 모두가 모자를 쓰지 않고 있는데, 장군에게
미리 조의를 표하고 있는 셈이다.

지휘관으로서 둘 중 하나를 택할 수 있다면 어떤 선
택을 할 것인가? 희생물이 될 것인가, 패장이 될 것인가.
일단 모두 죽음을 전제로 한다.

울프 장군과 맞섰던 프랑스군의 지휘관은 몽칼름 장
군이었다. 아브라함 평원의 전투 이전까지는 여러 전투
에서 승리를 거둔 명장이었으나 이날만은 결정적인 판단
착오를 저질러 결국 패했다. 몽칼름 장군 역시 이날의 전
투에서 아랫배에 총탄을 맞았다. 양군의 지휘관이 비슷

한 시간에 치명상을 입었던 것이다. 몽칼름은 다음 날 아침에 숨을 거두었다. 그의 입장에서 보면 승리를 거두지도 못했고 그날 죽지도 못했다. 기념할 만한 자격이 없는 죽음이다. 몽칼름의 죽음을 묘사한 그림도 몇 점 있지만 〈울프 장군의 죽음〉을 흐릿하게 베낀 아류에 그친다.

북아메리카에서 영국과 프랑스가 벌였던 전쟁은 영국의 승리로 끝났기에 대체로 영국의 시각에서 정리된 기록이 많이 인용된다. 실은 영국인들은 이날 마지막 승리를 거머쥐지 못했다. 다음 해인 1760년 봄에 프랑스군이 진용을 다시 갖추고 몰려와서는 영국군과 전투를 벌였다. '생트 푸아Sainte Foy 전투'라고 명명된 이 전투에서 영국군은 참패하고 퀘벡 성벽 안쪽으로 쫓겨 들어갔다. 하지만 이 전투는 곧잘 누락되고, 울프 장군을 데려간 전투가 마지막인 듯 기록되곤 한다. 순교와 제의가 이루어졌을 때, 전쟁이 끝나야 했기 때문이다.

마지막　　명령

구약에 등장하는 아비멜렉이라는 남자는 도시 테베를 공격하다가 성벽 위에서 어떤 여자가 던진 맷돌을 맞았다. 치명상이라 곧 숨이 끊어질 노릇이었다. 이에 아비멜렉은 곁에 있던 부하에게 어서 칼을 뽑아 자신을 죽이라고 했다. 여자에게 죽었다는 소리를 듣고 싶지 않아서다. 부하는 명령받은 대로 아비멜렉의 숨을 끊어 주었다.

　이 이야기는 괴상하다. 성경에는 '야엘과 시스라'나 '유딧과 홀로페르네스'처럼 여자에게 죽임당하는 남자가 적잖이 등장한다. 델릴라의 꾐에 빠져 머리칼을 잘린 삼손처럼 여자의 술책에 무력해진 남자의 이야기도 있다. 어떤 남자라도 여자에게 당할 수 있다는 사실을 남자들도 잘만 알았을 노릇이다. 그럼에도 그것은 수치스러운 일이

　　　　　I.　　　죽음을

라는 생각에 사로잡혀 있었다.

아비멜렉이 보여 준 건 임종의 모습과 관련된 일종의 강박이다. 나아가 모든 사람이 자신의 마지막 모습을 결정할 수 없음을 분명하게 나타낸다. 뜻하지 않게 여자가 던진 돌에 맞았고, 숨이 넘어가는 와중에도 어떻게든 마지막을 꾸며 보려 했지만 기록은 준엄하고 얄궂다. 다른 책도 아니고 성경에 실려 모든 이가 알게 되었으니. 게다가 아비멜렉의 헛된 시도까지 함께 실려서 가장 감추고 싶었던 점을 한껏 강조한다. 아비멜렉은 홧김에 다른 이를 죽이라고 명하지는 않았으니 그나마 존중받을 만하다. 떠나는 마당이라고 다른 이를 함께 데려가려는 이들도 적지 않다.

영화 《로마 제국의 멸망》은 제목 그대로 고대 로마가 몰락하는 양상을 담았다. 거대 제국이 기울어 가는 원인과 과정에 대해서는 수많은 이들이 여러 갈래로 설명했지만 영화는 망나니 황제 콤모두스 때문이라고 간단하게 결론 내린다.

영화에서 콤모두스는 과대망상에 사로잡혀 있다. 자신에게 저항했던 누나 루킬라와 몇몇 게르만인들을 장작더미 위에 묶어 놓고는 불태우려 든다. 그것으로도 성에 안 차는지 루킬라의 목숨을 놓고 신실한 장군 리비우스와 결투를 벌인다. 결국 콤모두스는 되잖은 승부욕의 대가를 치른다. 리비우스의 창에 치명상을 입은 것이다.

도저히 이해할 수 없는 대목이 여기부터다. 콤모두스는 마지막 기운을 짜내서 '불태워라!'라고 외친다. 그러자 부하들은 기다렸다는 듯이 장작에 불을 놓는다. 마지막까지 뒤끝을 보여 주는 황제가 아니라, 부하들이 신속히 황제의 명을 따른다는 점이 불가해하다. 곧 끝장날 황제의 명령을 왜 그리 충실하게 집행했을까? 황제의 주변 사람들은 권력의 향방에 민감하기 이를 데 없었고, 종종 자신들의 손으로 황제를 죽이거나 교체했다. 가뜩이나 정신 나간 황제가 이제 숨이 끊어지는 형국이다. 군인으로서 신망이 두터운 리비우스가 새 황제가 될 공산이 크다. 게다가 그가 화형을 저지하러 나타났다. 이런 판에 섣불리 불을 놓았다가는 리비우스의 노여움을 사서 목숨을 부지하기 어려울 것이다.

그럼에도 영화는 이 모든 계산을 깡그리 무시한다. 기둥에 묶여 불길에 휩싸인 게르만 사람들이 '로마는 멸망할 것이다'라고 외치는 장면을 엔딩으로 삼아야 했기 때문이다.

죽어 가는 권력자의 마지막 명령, '유언'이 가진 불가해한 힘이라고밖에 설명할 수 없다.

✣

말을 바꾸는   노인,
풀을 묶는   노인

✣

고사성어 가운데 '결초보은(結草報恩)'이라는 단어가 있다. 의외로 유래는 별로 알려져 있지 않은데, '풀을 묶어 은혜를 갚았다'라는 의미로 『열국지(列國志)』에 실려 있다.

춘추 시대 진나라 장군 위무자에게는 젊은 첩이 있었다. 이 무렵까지도 가장이 죽으면 첩을 순장하는 풍습이 여전했다. 위무자는 순장이 가당치 않다며, 자신이 죽으면 첩을 고향으로 돌려보내라고 장남 위과와 차남 위기에게 일렀다. 정작 위무자는 죽을 때가 가까워 오자 말을 바꿨다. 첩을 자신과 함께 묻으라는 것이다.

이제 두 아들에게는 두 가지 서로 다른 말씀이 남았다. '분별 있는 모습을 보인 아버지', 그리고 '분별을 잃어버린 것처럼 보이는 아버지'. 둘 중 어느 쪽을 택해야 할

맞이하다

까? 차남 위기는 마지막 유언을 따라야 한다고 했지만 장남 위과는 이렇게 말했다. "부모의 분별없는 말을 따르지 않고 분별 있는 말을 따르는 게 효(孝)다." 이로써 첩은 무사히 고향으로 돌아갈 수 있었다.

뒷날 위과는 싸움터에 나가 덩치가 커다란 적장과 마주하게 되었다. 이때 위과는 묘한 모습을 본다. 앞에 선 적장의 발치에 한 노인의 모습이 어른거렸다. 그는 적장의 발밑에 있는 풀을 묶었다. 노인은 위과의 눈에만 보였다. 적장은 영문도 모른 채 넘어졌고, 위과는 적장을 사로잡아 공을 세울 수 있었다. 노인이 사라지면서 말했다. '내 딸의 은혜를 갚는 것이오.' 노인은 예전에 위과 덕분에 순장되지 않고 고향으로 돌아갔던 첩의 아버지였다.

순장이라는 악습을 따르지 않아서 첩도 살리고 자신도 도움을 받았으니 좋은 결정이었다고 할 수 있다. 하지만 문제는 끝내 풀리지 않았다. 아버지가 진정으로 바란 것은 무엇이었을까? 아들은 이에 대한 물음은 던지지 않고, 자신의 판단이 온당하다고 스스로 결정 내려 버렸다.

죽어 가는 아버지가 보았던 것은 무엇일까? 죽음에 가까워 오면, 분별이 없어진다고들 한다. 이 단계에서 죽음을 맞는 당사자가 보고 겪고 느끼는 세계는 어떤 모습일까? 상식도 온당함도 명예도 평판도 상관없는 세상일까? 겪어 보지 않고는 알 수가 없다. 주변의 누구도 당사

자의 마음을 헤아릴 수 없다. 죽음 앞에서 인간은 절망적
으로 고립된다.

네로의   마지막 소원

『플랜더스의 개』는 소년 네로(넬로)와 우유 배달 수레를 끄는 늙은 개 파트라슈가 겪는 절망과 고통으로 독자의 가슴을 후비는 소설이다. 영국 작가 위다(본명은 매리 루이스 드 라 라메)가 1872년에 발표했는데, 우리에게는 소설보다 같은 제목의 애니메이션으로 깊이 각인되어 있다. 1975년 일본의 구로다 요시오 감독이 소설을 바탕으로 만든 《플란다스의 개》다. 한국에서는 1976년 8월부터 11월까지 TBC에서 방영되었고, 이후 KBS와 SBS, EBS에서 차례차례 재방영되었다. 1970년대부터 1990년대에 이르기까지 계속 방영되었으니 서로 다른 시기에 유년 시절을 보낸 이들도 한 번쯤은 봤을 법하다.

'먼동이 터 오는 아침에 길게 뻗은 가로수를 누비며

잊을 수 없는 우리의 이 길을 파트라슈와 함께 걸었네. 하늘과 맞닿은 이 길을 랄랄라 랄랄라 랄라라랄라 라랄랄라.' 나중에 가수 이승환이 이 구절을 도입부로 삼아 〈프란다스의 개〉를 발표했다. 그는 애니메이션 주제가의 작곡가가 한국 사람인 줄 알았다고 한다. 실은 원작 애니메이션의 주제가를 고스란히 표절한 곡이었기에, 결국 일본 측에 사용료를 지불해야 했다.

이렇듯 양국에서 엄청난 인기를 구가했기에 미우나 고우나 한국인과 일본인은 '플란다스의 개'에 비슷한 추억을 공유한다. 작품의 배경이 되는 벨기에 안트베르펜에 가서 네로와 파트라슈의 자취를 찾아 돌아다니고, 마지막으로 안트베르펜 노트르담 대성당을 방문한다. 소설과 애니메이션에서 네로와 파트라슈가 숨을 거둔 곳이다. 정작 현지인들은 이곳을 찾아 그림 앞에서 눈물을 글썽이는 동양인들을 의아하게 생각한다고 한다. 소설이 별로 알려지지 않았기 때문이다.

안트베르펜에는 바로크 미술을 대표하는 루벤스Peter Paul Rubens의 그림이 여럿 있다. 이곳에서 태어나고 자란 루벤스는 이탈리아, 프랑스, 스페인 등 온 유럽을 무대 삼아 활동했는데, 신화와 종교를 작품의 제재로 삼아 화려하고 역동적인 그림을 그렸다. 그림을 잘 그렸던 네로는 그가 그린 〈십자가에 달리심〉과 〈십자가에서 내리심〉을

페테르 파울 루벤스, 〈십자가에 달리심 L'Érection de la Croix〉, 1610-1611

I.   죽음을

직접 보고 싶어 했다. 둘 다 패널에 그려진 유화로, 3면 제단화의 가운데 들어간 작품이다.

네로는 이 그림을 볼 수 없었다. 돈을 낸 사람만이 루벤스의 그림을 볼 수 있었기 때문이다. 과거에는 아무나 어느 때고 볼 수 없는 그림이 상당수 존재했다. 성격은 조금 다르지만 오늘날에도 밀라노에 있는 레오나르도 다 빈치의 〈최후의 만찬〉을 보기 위해서는 사전에 예약하고 관람료도 지불해야 한다. 그런 그림들은 평소에는 가려져 있다가 헌금을 낸 사람이나 신분이 높은 사람에게만, 혹은 몇몇 기념일에만 공개되었다.

멀리 유럽까지 가지 않아도 된다. 1970년대 흑백 TV를 기억한다면 당시 TV에는 미닫이문이 달려 있었음을 알 것이다. (1990년대에 교실마다 놓여 있던 TV도 그랬다.) 보지 않을 때는 브라운관이 미닫이문으로 가려져 있었고, 오후 6시에 TV 방송이 시작될 때에야 사람들은 TV 앞에 모여 앉아 미닫이문을 열었다. TV를 보려면 일단 자리에 앉아 문을 열어야 했고, 채널을 바꾸려면 브라운관 곁에 달린 플라스틱 손잡이를 드르륵 드르륵 하면서 손으로 직접 돌려야만 했다.

많이 번거로운 만큼 TV 시청은 격식을 갖춰야 하는 엄숙한 행위였다. 종교 의식과 비슷하다고 할까? TV를 제단 위의 신상(神像)이라도 된 양, 실은 그보다 더한 열광과 경의를 담아 바라보았다. 요즘처럼 소파에 털썩 퍼질러 앉으면서 리모컨으로 띡 켜서는 느른한 표정으로 채널을 위아래로 주욱 훑는 모습과는 비교도 할 수 없는 경이로움이 거기에는 있었다.

원하는 형상이나 이미지를 자유로이 볼 수 없을 때, 그것은 경외감을 불러일으킨다. 마침내 그것이 공개되는 순간은 당연히 특별한 의미를 띤다.

네로의 마지막으로 돌아가 보자. 의지하던 할아버지는 죽고, 미술 대회에서는 상을 타지 못했다. 더 이상 의지할 데도 없고 당장 먹을 것도 없는 네로는 파트라슈와 함께 안트베르펜 대성당으로 숨어들었다. 마지막으로 그리도 보고 싶었던 루벤스의 그림을 보려는 것이었다. 하필 성탄 전야였다. 흥청거리는 주위 분위기가 이들의 절망을 더욱 두드러지게 했지만 한편으로 성화(聖畵)가 이들 앞에 나타난 순간을 더욱 충만하게 만들어 주었다.

네로는 "아, 하느님, 이제 더 이상 바랄 게 없습니다" 하고는 파트라슈를 껴안고 성당의 돌바닥 위에서 식어 갔다. 작은 영혼, 네로의 마지막은 경이로웠다.

페테르 파울 루벤스 〈십자가에서 내리심 La Descente de Croix〉, 1612–1614

2.

순교자와

암살자

죽음과 관련된 이야기는 곧잘 자연이 허락한 수명을 마친 사람들에 대한 이야기로 연결된다. 사람들은 급작스럽게 세상을 떠나는 이들이 얼마나 많은지 종종 잊어버리고는 자신은 아주 긴 시간이 흐른 다음 천천히 세상을 떠날 거라 믿는다. 누구도 내가 죽을 모습을 정해 둘 수 없다. 죽을 시간과 자리, 함께 있을 사람 등도 마음처럼 되지 않는다. 얼마나 많은 이들이 사고나 재난으로, 또 전쟁과 학살로 사라졌던가.

죽음은 자주 누군가의 손을 빌어 찾아온다. 사람이 사람을 죽여서는 안 된다는 건 가장 기본적인 상식이지만 인간사는 서로를 죽여 온 이야기로 가득하다. 신념이나 원한이나 광기나 혹은 다른 필요 때문에 죽인다. 누군가를 죽이는 일을 사명으로 여긴 이들도 많고, 살인을 훌륭하고 가치 있는 일로 평가하는 사료와 이미지 또한 헤아릴 수 없이 많다. 명예 살인이라는 단어까지 있다.

레마르크는 『서부 전선 이상 없다』에 이렇게 썼다. '우리는 몰살당하지 않기 위해 싸웠을 뿐이다.' 그저 자신이 죽지 않기 위해 남을 죽였다는 말이다. 죽지 않기 위해 죽이려면 상대의 의향을 확인할 겨를도 없다. 죽이려는 의지와 살려는 의지가 꼬리를 물고 도는 자리에 죽음은 날벼락처럼 떨어진다.

파올로와   프란체스카

남자가 여자의 뺨에 입을 맞추고 있다. 아니, 남자의 입술이 여자의 볼을 타고 여자의 입술을 향해 미끄러진다. 보면 볼수록 기묘한 그림이다. 남자는 마치 무용수처럼 몸을 길게 뻗어 온몸으로 여자의 입술을 향해 헤엄치듯 흐느적인다. 반면 여자의 태도는 정적이고 수동적인데, 그런 와중에도 여자의 손에서 옷자락을 따라 미끄러져 떨어지는 책은 여자의 욕정과 기대를 홀로 폭로한다.

무엇보다 이 그림을 잊기 어렵게 만드는 것은 화면 오른편, 어두운 구석에 있는 또 다른 남자의 모습이다. 험상궂은 얼굴에 검은 옷을 입은 그는 막 칼을 뽑으려는 참이다. 표정이나 몸짓으로 보건대 화면 앞쪽의 남녀를 노리는 것이 분명하다.

장 오귀스트 도미니크 앵그르, 〈파올로와 프란체스카Paolo et Francesca〉, 1819

2.   순교자와

프랑스 고전주의 미술을 대표하는 화가 앵그르가 그린 〈파올로와 프란체스카〉. 이야기인즉, 13세기 후반 이탈리아의 라벤나를 통치하던 군주 구이도다 플렌테의 딸 프란체스카는 라미니 영주의 아들 잔초토 말라테스타에게 시집갔다. 잔초토는 수려하고 늠름한 젊은이였다. 그런데 맞선 때와 혼례 때만 그랬다. 신혼 초야에 프란체스카에게 다가온 신랑은 추남에 절름발이였고 성격 또한 흉포했다. 말라테스타 가문에서 결함이 많은 잔초토를 결혼시키기 위해 잘생긴 동생 파올로를 잔초토라며 내세웠던 것이다.

사기 결혼이 분명했지만 정략결혼이었음으로 파기할 수는 없었다. 프란체스카는 이 모든 것을 혼자 고스란히 감당해야 했다. 파올로는 자신 때문에 덫에 걸려든 프란체스카에게 연민을 느꼈고, 연민은 사랑으로 발전했다.

화사한 차림새와 탐스러운 살결, 관능 속에 타오르는 시간. 하지만 어둠 속에서 이들의 운명을 결정하는 손길이 뻗어 나온다. 잔초토는 프란체스카와 파올로를 칼로 찔러 죽였다. 파올로와 프란체스카의 이야기는 비극으로 끝났다. 아니, 끝없는 비극이 되었다. 단테의 『신곡』에서 고대 로마의 시인 베르길리우스의 안내를 받아 지옥을 돌아다니던 단테는 파올로와 프란체스카를 발견한다. 두 남녀는 금지된 사랑에 대한 벌로 영원히 지옥을 떠돌게 되었던 것이다.

앵그르는 단테의 글에 매료되어 이 그림을 완성했다. 사랑의 충만함이 주는 가장 완벽한 행복과 곧이어 다가오는 죽음. 절정의 순간에 맞이하는 죽음에 그 역시 설명할 길 없이 이끌렸을 것이다.

◈

가장 좋은　　순간이
가장 위태로운　　순간

◈

《13일의 금요일》을 비롯해 1980-1990년대에 제작되었던 공포 영화에는 그런 장면이 꼭 나왔다. 여럿이서 캠핑 온 학생들 중 한 쌍이 남몰래 섹스하고는, 혹은 섹스 도중 살인마의 습격을 받아 죽는다. 젊은 세대의 성적 방종을 단죄하려는 기성세대의 심리가 투사된 장치라는 설명이 곧잘 따라붙었지만 그런 건 아무래도 상관없다. 인간이 맛볼 수 있는 최고의 환락과 죽음을 결합시키는 게 무엇보다 중요했을 테니까.

　이런 장면을 좀 더 분류해 보자면 가장 흔한 경우는 이렇다. 사랑을 나눈 뒤 남녀 중 한쪽이 자리를 떠난다. 이상한 소리가 들려서 살펴보기 위해서거나 씻거나 용변을 보기 위해서다. 살인마는 자리를 떠난 쪽을 먼저 죽이고,

침대에 남아 있던 쪽을 마저 죽인다. 이 장면은 다양하게 변주된다. 살인마가 한창 서로를 탐닉하는 남녀에게 성큼 성큼 다가오기도 한다. 상황을 먼저 눈치채는 쪽은 대개 위를 바라보는 여자로, 남자의 뒤편으로 다가드는 살인마를 보고 놀라서 뭔가 말하려 하지만 목소리가 제대로 나올 리 없다. 눈치 없는 남자는 교성이라고만 여긴다. 살인마는 긴 창 같은 걸 위에서 내리 찔러 남녀를 한꺼번에 꿰어 죽인다.

잔초토도 파올로와 프란체스카를 한 칼에 꿰어 죽였을지 모를 일이다. 가에타노 프레비아티Gaetano Previati는 참살이 벌어진 직후의 모습을 택했다. 1980년대 공포 영화처럼 두 남녀를 꼬챙이처럼 꿰어 놓았다. 두려움과 낭패에 사로잡힐 겨를도 없이 절명한 것 같다. 앵그르의 작품과 달리 두 남녀는 성애는 아니더라도 무언가 사랑의 정열을 확인한 분위기다.

한창 사랑을 나누다 습격받기도 하지만, 행위가 끝난 뒤에 죽는 경우도 부지기수다. 프랑스 대혁명 때 혁명 세력을 이끌었던 미라보는 병으로 쇠약해 있던 상태에서 두 명의 무용수와 밤을 보낸 뒤 영영 깨어나지 못했다. 관계 도중에 죽는 일도 있는데 중국인들은 '상마풍(上馬風)'과 '하마풍(下馬風)'으로 구분했다. 후자는 성관계 뒤에 죽는 것, 전자는 성관계 중에 죽는 것이다. 복상사(腹上死)라고

가에타노 프레비아티, 〈파올로와 프란체스카〉Paolo e Francesca〉, 1887

도 하는데, 일종의 심장마비로 순식간에 숨이 끊어진다고
한다.

　어떤 식으로 죽음을 맞는 게 좋겠냐는 물음에 많은
남성이 반 농담 삼아, '복상사'라고 답한다. 최고의 쾌락
을 맛보는 순간에 죽음에 이르렀으면 좋겠다는 바람이다.
분리된 세계인 듯도 싶지만 생명과도 깊숙이 연결되어 있
는, 이 또한 죽음이 갖는 여러 얼굴 중 하나다.

✦

절정 속에   죽을 것인가

✦

성애 도중은 아니더라도 고통이 아닌 쾌락 속에 죽음을 맞는 것 혹은 죽음을 인지할 겨를도 없이 죽는 것이 꺼려지는 이유는 무의식적으로 '죽은 다음'을 생각하기 때문이다. 하필 다 해진 속옷을 입었다거나 씻지 못해 몸에서 냄새가 날 수도 있다. 유품을 정리하다 누군가(특히 부모님) 서랍 구석에 모셔 둔 포르노 잡지를 발견한다면?

어느 드라마에서는 이런 경우를 대비해 친구들끼리 모종의 맹서를 한다. 무리 중 누가 갑자기 죽거나 사고를 당하면, 친구의 어머니보다 먼저 친구의 집으로 달려가서 고인의 평판(?)에 누가 되는 물건들을 치워 주기로. 그런데 서로의 판단이 얼마나 믿음직한지도 문제다. 시시콜콜한 비밀이 담긴 여러 물건을 유품이라면서 꺼낸다면? 그래서 중학교 시절 일기장을 다른 사람이 본다면….

그런데… 죽은 다음에는 부끄럽건 말건 상관없는 일 아닐까? 내가 쓴 일기장을 누가 찬찬히 읽을 것이며, 속옷은커녕 내 얼굴도 금방 잊힐 텐데. 그럼에도 모든 걸 훌훌 털어 버리듯이 생각할 수 있는 사람은 드물다. 대부분은 자신이 죽은 다음에 자신을 둘러싼 세계가 어떻게 정리될지, 또 자신이 주변 사람들에게 어떤 모습으로 기억될지 염려한다. 때로는 죽음 자체보다 그게 더 걱정스럽다.

따지다 보니 갑자기 죽는 경우야말로 피해야겠다 싶어진다. 선택의 시간이다. 택할 수 있다면 어느 쪽인지. 절정의 기쁨을 맛보면서 죽을 것인가? 천천히 주변을 정리한 뒤에 죽을 것인가?

《CSI 라스베가스》의 주인공 길 그리섬 반장은 '죽는 방법을 택할 수 있다면 암이 좋겠다'라고 했다. 죽을 날을 받아 놓았지만 당장 죽지는 않으니 주변을 정리할 수 있다는 이유다. 웬만한 병은 고칠 수 있고, 별것 아닌 병으로 어처구니없이 죽을 확률이 적어진 현대 사회에 적절한 태도다. 이 대사를 오래 애정을 품어 온 상대와 첫 잠자리를 마친 다음에 했다는 것이 재미있다. 잠자리가 시작되기 전이 아니라 후에 했다는 점이야말로 연륜의 징표다. 쾌락과 죽음은 밀접한 관계다. 기왕이면 주어진 쾌락은 전부 누린 다음이 좋지 않을까?

✤

작은 죽음과   큰 죽음

✤

서양 미술에는 날벼락처럼 찾아오는 죽음을 다룬 그림이 아주 많다. 구약에서 주제를 취한 '야엘과 시스라' 이야기도 그렇다. 가장 널리 다룬 주제는 '유딧과 홀로페르네스'. 『유딧서』는 개신교에서는 외전이지만 가톨릭에서는 정경으로 인정한다. 여기에 따르면 유딧은 이스라엘을 침공한 앗시리아군 진영으로 몸종과 함께 가서 적장 홀로페르네스를 유혹해서 잠들게 하고는 그의 목을 벤다. 유딧이 목을 챙겨 빠져나간 다음 날, 참살당한 지휘관을 발견한 앗시리아군은 혼란에 빠져 물러난다.

유딧은 구국의 영웅이면서 또한 '팜므 파탈'이다. 남성을 유혹하여 파멸에 이르게 하는 존재인 팜므 파탈은 남성이 여성에 지녔던 공포와 강박을 집약한 존재다. 팜므 파탈이 남성의 목을 자르는 그림은 특히 17세기 바로크 미술과 19세기 말의 이른바 '세기말' 예술에서 많이 등장한다. 남성의 거세 공포가 참수로 전이되었다고들 한다.

방심한 남성과 그런 남성을 습격하는 여성의 구도는 여러 가지로 변주되면서 이어져 내려왔다. 비교적 최근 것이라면 뭉크Edvard Munch가 그린 〈마라의 죽음〉을 들 수 있다. 알몸의 남성이 침대에 누워 있고 마찬가지로 알몸인 여성이 그 곁에 꼿꼿이 서 있다. 제목부터가 프랑스 대혁명 때 여성에게 살해당한 정치가의 이름을 달았으니, 그림 속 여성이 남성을 참살한 것이라고 짐작할 수 있다.

남성의 얼굴과 손은 붉은 피로 덮여 있지만 묘사가 분명치는 않고, 사건의 원인과 경과도 알 수 없다. 화가는 '마라의 죽음'이라는 정치적인 사건을 치정극으로 바꿔 놓았다. 둘의 차림으로 보건데 방금까지 정사를 나누었을 테고, 포만감에 잠든 남성을 여성이 난자했다.

이 그림은 뭉크의 개인사와 직접적으로 관련 있다. 뭉크는 툴라 라르센이라는 여성과 사귀었는데, 툴라는 뭉크와 결혼하기를 원했으나 뭉크는 거부했다. 그러자 툴라는 뭉크 앞에서 권총을 들고 자살하겠다고 소동을 벌였고, 그러다가 권총이 발사되어 뭉크의 왼쪽 가운데 손가락을 관통했다.

그림 속 여성은 초연하다 못해 냉담하다. 남성을 아

2.   순교자와

에드바르트 뭉크, 〈마라의 죽음 La Mort de Marat〉, 1907

무렇지도 않게 떠나거나, 혹은 무자비하게 참살할 수 있는 존재다. 뭉크가 그렇게 표현해 두었다. 아마 그때 자기가 일종의 '죽음'을 거쳤다고 생각한 듯하다. 아무튼 목숨은 건졌지만 이제 다시는 전과 같을 수 없다. 뭉크는 툴라와의 사건을 되풀이해서 그렸고, 자신이 겪은 고통과 충격을 곱씹었다.

성애를 '작은 죽음La petite mort'이라고들 한다. 성적 절정 뒤에 찾아오는 무의식 상태를 가리킨다. 혹자는 남성의 '작은 죽음'이라는 게, 사정(射精) 뒤에 빠져드는 잠을 호들갑스럽게 부르는 말이라고 냉소하기도 한다. 실제로 이는 어디까지나 남성의 입장에 기댄 표현이다. 마땅히 여성의 말도 들어 봐야 한다. 작은 죽음 운운하다가는 진짜 죽음이 찾아올 수 있다. 그녀와 함께 잠들지 않는다면.

2.   순교자와

✛

순교자와   암살자

✛

수난을 겪은 남자의 모습. 고개를 오른편으로 꺾은 자세
에는 체념과 미련이 뒤엉켜 있다. 그는 누군가에게 내몰려
죽었다. 한데 옷을 벗은 것이 괴상하다. 예수 그리스도와
여러 순교자도 옷을 벗고 있었다. 그도 순교한 걸까? 남
자의 표정은 평온하나 마지막 순간까지 뭔가 자신의 일에
몰두했던 것 같다.

바닥에는 피 묻은 칼이 놓여 있다. 칼은 선고이자 진
술이다. 살인자는 칼을 챙길 경황도 없이 사라졌을 것이
다. 내던져진 칼은 살인자의 당당함을 보여 주는 것도 같
다. 그 칼은 남자가 어김없이 죽었음을, 되살아날 가망이
없음을 증명한다. 그러면서도 이 살인이 음습한 암살이
며, 선량하고 온후한 인간이 겪은 핍박이라고 웅변한다.

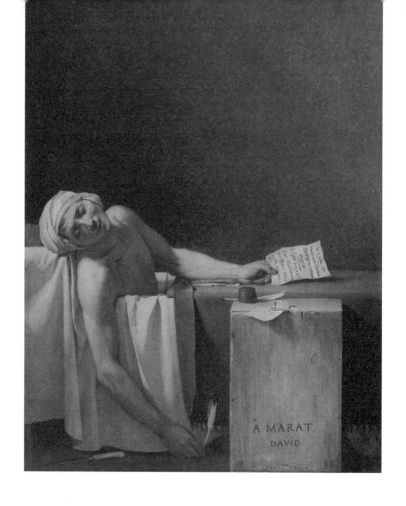

자크 루이 다비드, 〈마라의 죽음·La Mort de Marat〉, 1793

2.   순교자와

편지에 담긴 글귀는 이 편지가 남자의 죽음과 관련된다는 걸 짐작하게 한다. 늘어뜨린 오른손에 쥔 깃펜은 이 와중에도 꼿꼿이 서 있다. 숨이 끊어졌대도 남자가 견지했던 신념은 단단할 것임을 보여 준다. 자크 루이 다비드Jacques-Louis David가 그린 〈마라의 죽음〉이다. 프랑스 대혁명과 관련된 그림 중 가장 유명하다.

1793년 7월 13일, 프랑스 혁명 정부의 지도자이자 유명한 저널리스트였던 장 폴 마라가 칼에 찔려 숨졌다. 마라는 '산악파(몽테뉴파)'의 지도자 중 한 사람이었다. 산악파는 당시 프랑스 정계를 장악했던 자코뱅당에서도 급진파에 속하는 무리다. 어느 날, 샤를로트 코르데라는 젊은 여성이 마라에게 접견을 신청한다. 마라는 만성 피부염을 앓고 있어서 하루의 대부분을 오트밀이 담긴 욕조에 몸을 담그고 보냈다. 그날도 욕조 위에 널판을 놓고 서류를 검토하면서 일하는 중이었다. 방에 들어선 코르데는 마라를 칼로 찔렀다.

다비드는 마라가 숨진 직후에 현장으로 불려 갔다. 혁명 당국은 다비드에게 마라를 추앙하는 그림을 그리도록 요청했다. 다비드는 18세기 말부터 19세기 초에 걸쳐 프랑스 예술계에 군림했던 신고전주의 화가로, 프랑스 대혁명 당시에는 자코뱅당원이었다. 다비드가 마라를 그린 그림에는 그의 정치적 입장이 투영되어 있다.

미켈란젤로 부오나로티, 〈바티칸의 피에타Pietà Vaticana〉, 1498-1499

2.   순교자와

다비드는 마라의 죽음에 경건하고도 드라마틱한 분위기를 부여하기로 했다. 실제로 마라는 그리 잘생기지 않았지만 그림에서는 수려한 인상이다. 고질적인 피부병에 시달렸다는데 말끔하다. 마라가 왼손에 쥔 메모는 코르데에게서 건네받은 것으로, 엄지손가락이 '자비bienveillance'라는 단어를 짚고 있다. 애초에 코르데가 전한 메모에는 없는 단어지만 마라가 코르데에게 자비를 베풀려다 죽었다는 데 초점을 맞추었다.

다비드는 마라를 '대혁명'이라는 대의를 위해 복무하다 불의의 습격을 받아 숨진 고결한 영웅으로 묘사했다. 마라의 자세를 미켈란젤로Michelangelo Buonarroti의 그 유명한 〈바티칸의 피에타〉의 그리스도에서 가져왔음을 짐작할 수 있다. 그를 스스로 목숨을 바친 순교자로 묘사한 것이다. 따라서 그림 어디에도 암살자의 모습이 보이지 않는다. 다비드는 암살이 벌어진 직후의 모습을 조금 더 구체적으로 묘사할 수도 있었다. 실제로 애초에는 그런 구상을 가졌다고 한다. 하지만 결과적으로는 드넓은 공간에 홀로 스스로의 죽음을 명상하기라도 하는 것 같은 엄숙한 그림을 완성했다. 마라는 지성적인 존재이자 아름다운 육체를 지닌 존재로 묘사되었다. 다비드의 그림은 널리 환영받았고, 혁명 당국에서는 복제화도 요청했다. (화가의 제자들이 몇 점의 복제화를 제작했다.)

암살자도 들여다봐야 한다. 마라를 암살한 샤를로트 코르데는 사건 당시 고작 스물다섯 살이었다. 가난한 귀족 집안의 여성으로 노르망디에서 태어나 자랐다. 독서를 좋아하던 지적인 여성이었던 코르데는 자코뱅파의 과격함을 혐오했고, 자코뱅파와의 정쟁에서 밀려난 지롱드파를 옹호했다. 그러다 파리에서 벌어진 '9월 학살'에서 온건파였던 지롱드당원들이 수없이 처형당하고 학살당했다는 이야기를 들었다. 마라는 로베스피에르를 비롯한 이들과 함께 '공포 정치'를 주도했고, 수많은 사람을 반(反)혁명 분자라는 명목으로 단두대로 보냈다. 결국 코르데는 마라를 처단해야겠다고 결심했다.

1793년 7월 9일, 그때까지 지내던 고모의 집을 나와 혼자 파리로 상경했다. 7월 13일에 마침내 마라에게 면담을 신청했다. 하지만 아무나 마라를 만날 수는 없었다. 코르데는 자신이 반혁명 조직의 정보를 담은 메모를 갖고 있다고 거짓말하여 마라와 대면할 허가를 얻었다. 욕조에 몸을 담그고 있던 마라는 뭔가 잘못되었다는 걸 느낄 새도 없이 코르데가 뻗은 칼을 맞고 절명했다. 코르데는 서둘러 자리를 빠져 나가려 했지만 곧 붙잡혔다.

나흘 뒤인 7월 17일에 혁명 재판에서 코르데의 사형 판결이 내려졌다. 코르데는 그날 단두대에 올랐다. 너무 빠른 처형이었다. 공범 여부를 조사하기에도 충분한 시간

장 자크 오에르, 〈샤를로트 코르데|Portrait de Charlotte Corday〉, 1793

이 아니었다. 당시 집권 세력의 입장에서는 이 사건을 빌미로 삼아 반대파에 대한 대대적인 숙청과 체포를 벌일수도 있을 터였지만 그 카드를 너무 쉽게 버렸다. 코르데의 단독 암살이었다는 정황이 분명했기 때문일 수도 있으나 그녀의 연고지에 대한 조사까지 행하려면 수개월은 걸렸을 터다. 민중의 친구 마라를 죽인 자를 그렇게나 오랫동안 살려 둘 수는 없는 노릇이었다. 성마른 민중은 즉각적인 복수와 단죄를 원했다.

정작 아름다운 사형수의 모습이 뜻밖의 감정을 불러일으켰다. 처형장으로 향하는 호송 차량에 동승했던 사형집행인 샤를 앙리 삼송은 나중에 회고록에 이렇게 썼다.

> 그녀를 바라보면 바라볼수록 나는 더욱
> 매료되었다. 그녀는 아름다웠다. 하지만 그
> 아름다움보다 마지막까지 당당한 그녀의 의연함이
> 더욱 놀라웠다.

코르데의 목이 떨어지자 사형 집행인 삼송의 조수가 (잘린) 코르데의 목을 들고 뺨을 철썩 후려갈겼다. 당시 사형 집행은 흥분과 전율로 가득한 행사였기 때문에 군중의 감정과 반응은 요동쳤다. 조수는 마라를 암살한 사형수에 대한 보복이 군중에게 만족과 즐거움을 줄 거라고

장 자크 오에르,
⟨1793년 7월 13일 마라의 죽음La Mort de Marat, Le 13 Juillet 1793⟩, 1794

예상했지만 반대였다. 군중은 거세게 반발했다. 코르데의 잘린 머리가 사형 집행인을 노려봤다고 증언하는 사람들도 나왔다. 삼송은 조수를 해고했다.

혁명 당국은 코르데가 처형되기 전에 그녀의 초상화도 제작하게 했다. 장 자크 오에르Jean Jacques Hauer라는 화가가 초상화를 그렸다. 코르데는 아름답고 기품 있는 데다 의연하다 못해 천진한 느낌까지 준다. 오에르는 이때 그린 코르데의 초상화를 바탕으로 삼아 〈1793년 7월 13일 마라의 죽음〉도 그렸다. 이 그림은 다비드 그림의 부연과도 같다. 다비드의 그림과 달리 코르데는 당당하게 화면 한복판을 장악한다. 반면에 욕조 속에서 숨이 끊어진 마라의 눈은 공허하다.

2.   순교자와

네가　　무슨 짓을 했는지

다비드 이후로 마라의 죽음을 다룬 그림들은 이 사건에 대한 프랑스 사회의 인식이 바뀌어 가는 과정을 보여 준다. 이 뒤로도 프랑스는 여러 차례 혁명을 겪었고, 주도적인 정치 세력 또한 수없이 바뀌었다. 1860년에 폴 자크 에메 보드리Paul Jacques Aime Baudry라는 화가가 마라를 그린 그림은 다비드의 그림과는 크게 다르다. 이 무렵 프랑스에서는 마라가 무지막지한 학살자라는 인식이 널리 퍼져 있었다. 반면에 그런 마라를 죽인 코르데는 프랑스를 구한 영웅으로 여겨졌다.

보드리의 그림은 제목부터가 샤를로트 코르데의 이름을 그대로 따왔다. 화가는 젊은 여성 암살자를 주인공으로 삼았다. 복잡한 심리와 정황을 다루었다는 점에서

폴 자크 에메 보드리, 〈샤를로트 코르데Charlotte Corday(마라의 암살)〉, 1860

2.   순교자와

다비드의 그림보다 단연 뛰어나다고 생각한다. 다비드의 그림은 화가의 의도가 노골적으로 드러나서 오히려 반감을 사는 면도 있다. 보드리의 그림에서 욕조에 앉은 마라의 가슴에는 칼이 꽂혀 있다. 이 부분도 다비드의 그림을 다시 보게 만든다. 코르데는 마라를 찌른 칼을 뽑았을까? 뽑지 않았을까? 앞서 다비드는 마라의 몸에서 칼을 제거했다.

〈샤를로트 코르데〉에 담긴 장면은 실제 사건에 비춰보면 아주 짧은 시간이다. 칼에 찔린 마라가 지른 비명을 듣고 곧바로 사람들이 몰려왔기 때문이다. 욕조 옆에 놓여 있던 의자는 뒤로 넘어졌고, 욕조 위에 놓였던 받침목도 기울어 물에 잠겨 있다. 칼에 찔린 순간 발버둥 쳤던 흔적이다. 욕조를 부여잡은 마라의 손과 참담한 표정은 고통을 뚜렷하게 드러낸다. 암살자는 마침내 끝냈다는 표정으로, 이 죽음의 대가 혹은 결과가 자신을 향해 다가오기를 기다리고 있다. 미증유의 경험 앞에 불안과 전율에 사로잡혀 있다.

마라를 살해한 현장에서 붙잡힌 코르데는 그 자리에서 참살당할 뻔했다. 비명을 듣고 몰려온 사람들이 그녀를 죽이려 들었는데, 몇몇 관리들이 가까스로 군중을 저지하고서야 코르데에게 사법 절차를 집행할 수 있었다.

반면에 장 조제프 베르츠Jean-Joseph Weerts가 그린 〈마라의 암살〉은 암살 이후에 벌어진 일을 뮤지컬 무대처럼 구성한다. 마라의 시신은 화면 복판을 차지하고는 마치 군중을 향해 항변하는 것 같다. '사람들아, 보시오, 내가 죄 없이 죽었고 이 여자가 나를 참살했소.' 군중은 암살자를 매도하며 저주한다. '네가 무슨 짓을 한 건지 알아?' 여린 모습의 암살자는 얼떨떨해하고 두려워하면서도 결연하게 맞선다.

무슨 일이 벌어진 건지는 너나 나나 알 수 없다. 죽은 자는 시대에 따라 다른 방식으로 거듭 죽을 것이다. 순교자와 암살자는 한 끗 차다. 죽어 사라진 건 마찬가지지만 누군가는 암살자가 되고 누군가는 순교자가 된다.

장 조제프 베르츠, 〈마라의 암살 L'Assassinat de Marat〉, 1880

3.

Si Vis Vitam, Para Mortem

죽음은 ✤

정경

✤

파리 루브르 박물관의 수많은 예술품 중에서 기이하게도 음울한 분위기를 풍기는 작품이 있다. 누가 시키지 않았어도 저절로 발걸음을 멈추게 만드는 이 작품은 필리프 포라는 사람의 묘석이다. 포는 부르고뉴 공국의 외교관으로도 활동했던 귀족으로, 묘석 자체는 1477-1480년에 제작되었다. 그 자신은 1493년에 세상을 떠났으니 묘석을 일찌감치 마련해 둔 것이다. 다색 석회암으로 제작되었고, 금과 납과 물감을 입혔다. 망자는 투구와 갑옷을 차려입고 누워 있다. 두 눈을 뜬 채로 두 손을 포개어 기도하는 자세다.

죽음에 색이 있다면 무슨 색일까? 대부분 고민하지 않고 '검은색'이라고 답하리라. 이 작품이 단번에 우리 눈을 사로잡는 것도 여덟 개의 거대한 '검은' 형체 때문이다. 이들은 망자의 시신을 떠메고 가는 여덟 사람이다. 전부 상복을 입었다. 각각 차고 있는 금박의 방패는 망자의 출신 가문의 계보를 보여 준다. 이들 애도자들의 표정과 태도는 음산한 한편으로 기이한 개성을 뿜어낸다. 또한 중세 말 조각가들의 탁월한 역량을 잘 드러낸다. 애도자들이 고개를 숙인 채 느릿느릿 움직이는 장례 행렬이 눈앞에서 펼쳐지는 듯하다.

상복은 　 검은색

✣

상복에는 묘한 아이러니가 담겨 있다. 검은색이 아니라
도 오래전부터 인류는 시대와 문화에 따라 장례 때 상복
에 해당하는 차림을 갖추었다. 장례에 참여한 이들 모두
가 몸에 흰 칠을 하는 오지(奧地)의 원주민 부족도 있다.
인류가 왜 상복을 입거나 상복처럼 꾸몄는지에 대한 설명
가운데 가장 설득력 높은 것은 상복이 일종의 변장이라는
주장이다. 사람들은 망자의 영혼이 되돌아와 저승으로 함
께 갈 동반자를 찾을 거라고 생각했다. 그때 망자의 눈에
띄어 끌려가지 않기 위해 평소와는 전혀 다른 색과 차림
으로 자신들을 꾸몄다는 것이다.

　　필리프 포의 시신을 옮기는 이들은 물론 '살아 있는'
사람들이다. 하지만 내가 받은 첫 느낌은 죽음의 사신들

작자 미상, 〈필리프 포의 묘석Tombeau de Philippe Pot〉, 1477-1480

피테르 브뤼헐, 〈염세가De Misantroop〉, 1568

3·   죽음은

이 망자를 데려간다는 것이었다. 상복은 망자로부터 자신들을 숨기고 지키기 위한 존재임에도 정작 그것을 입은 이들이 죽음 자체로 보이는 괴상한 성격을 지닌다. 오직 망자만이 생전의 모습 그대로, 숨길 것도 없이 얼굴을 훤히 드러내고 있다. 산 자들은 스스로를 한껏 가린다. 그러면서도 죽음에 복무한다. 아이러니컬하게도 죽음에서 벗어나려는 이들은 스스로 죽음이 되어야 한다.

네덜란드 화가 피테르 브뤼헐Pieter Bruegel이 말년에 그린 그림 중에는 '염세가'라는 제목이 붙은 것이 있다. 브뤼헐은 농민의 노동과 여가를 소박하고 활달하게 그린 그림으로 유명한데, 〈염세가〉는 그의 그림 가운데서도 분위기가 이질적이다. 사실 브뤼헐은 자신의 그림에 제목을 붙이지 않았다. 뒷날 사람들이 적당히 제목을 붙였는데 이 작품도 마찬가지다.

긴 망토와 두건을 걸친 노인이 혼자 시골 길을 걷고 있다. 뒤에서 차림새가 누추한 도둑이 어기적거리며 다가와서는 노인의 지갑 줄을 끊는다. 지갑의 모양이 심장과 꼭 닮았다. 노인은 자신도 모르는 새 심장을 잃어버린다. 치명적인 손실을 입고 있는데도 전혀 알아차리지 못한다. 게다가 그가 걷는 앞쪽에는 못들이 놓여 있다. 불쌍한 노인은 일단 발을 찔려 펄쩍 뛸 테고, 정신을 차린 뒤에는 지갑이 없어진 걸 알아차릴 것이다. 무슨 큰 잘못을 저질

렸기에?

〈염세가〉 아래에는 "이 세상을 믿을 수 없기에 나는 상복을 입는다Om dat de werelt is soe ongetru / Daer om gha ic in den ru"라고 플랑드르 네덜란드어로 적혀 있다. 다만 이 문구는 작품 제목처럼 브뤼헐이 아니라 다른 사람이 나중에 덧붙인 것으로 보인다. 브뤼헐은 그림의 의미를 손에 쥐어 주듯 친절하게 안내하는 화가가 아니었다. 늘 그림에 미묘하고 복합적인 내용을 담았다.

노인이 입은 검은 옷이 상복인지 아닌지는 분명치 않으나 적어도 주인공이 자신을 세상으로부터 차단하려는 의향을 보여 주는 장치다. 도둑은 십자가가 달린 구체(球體)에 들어 있는데, 십자가가 달린 구체는 인간 세상을 포괄적으로 가리키는 상징이다. 요컨대 이 도둑은 노인에 대한 세상의 반응이다. 세상이 싫다는 사람에게 세상은 앙갚음한다.

검은색은 덮어 가린다. 대상을 '덮어 가리는' 행위는 예전에도 지금도 부정적이다. 브뤼헐이 그린 '염세가'처럼 두건 쓴 인물을 보티첼리Sandro Botticelli가 그린 〈아펠레스의 비방〉에서도 볼 수 있다. 보티첼리의 그림은 이중적인 맥락 속에 자리 잡고 있다. 아펠레스는 고대 그리스의 전설적인 화가다. 활동했다는 기록과 이야기는 있는데, 작품은 남아 있지 않다. 아펠레스는 자신을 향한 비방에 대

산드로 보티첼리, 〈아펠레스의 비방Calunnia〉, 1491-1495

항하여 무고한 스스로를 변호하고자 그림을 한 점 그렸다고 한다. 화가는 '비방', '무지', '의혹', '질투', '기만' 같은 여러 장치를 인물에 빗대어 등장시켰다.

작품에 대한 언급은 남아 있지만 작품은 남아 있지 않다. 르네상스의 예술가이자 이론가로 유명한 레온 바티스타 알베르티는 고대의 기록을 바탕으로 쓴 『회화론』에서 아펠레스가 그렸다는 작품을 상세하게 묘사했다.

> 왕좌에 앉은 왕의 곁에서 '무지'와 '의혹'이 왕의
> 귀에 쏙살거리는데, '증오'의 안내를 받은 '비방'이
> 햇불을 들고는 '질투'와 '기만'의 시중을 받으며
> 활개 치고 있다. 하지만 그 뒤에는 '참회'와 '진실'이
> 자리 잡고 있다. 검은 상복을 입은 여성의 모습인
> '참회'와 함께, 수줍어하는 여성의 모습인 '진리'가
> 연달아 자리를 잡는다.

르네상스 초기, 피렌체에서 가장 뛰어난 화가였던 보티첼리는 잃어버린 걸작을 복원하겠다는 의도로 〈아펠레스의 비방〉을 그렸다. 물론 여기에는 고대 세계 최고의 화가 아펠레스에 상응하여 당대 최고의 화가는 보티첼리 자신이라는 선언이 담겨 있었다.

화면 오른편 높직이 왕좌에 왕이 앉아 있고, 한복판

에 횃불을 든 '비방'이 보인다. 그림 속 이야기는 오른편에서 왼편으로 진행된다. 그러다 보니 오른편과 한복판에는 부정적인 의미를 지닌 인물들이 바글바글하고, 이들을 지나 왼편 끄트머리에서야 긍정적인 가치인 '진실'과 '참회'가 자리 잡는다. '진실'은 젊고 아름다운 알몸의 여성이다. '진실' 혹은 '진리'는 숨길 것 없이 모두 드러낸다는 뜻으로 오래전부터 회화에서는 알몸의 여성으로 묘사되어 왔다. 우리의 눈길을 끄는 건 '진실' 곁에 선 '참회'다. 화가는 참회를 검은 두건을 쓴 나이 든 여성으로 묘사했다.

〈아펠레스의 비방〉 부분

알베르티는 나이 든 여성이 쓴 검은 두건을 분명히 '상복'이라고 했다. 평생 검은색을 연구해 온 존 하비는 『이토록 황홀한 블랙』에서 이 대목에 초점을 맞추면서, 흔히 기독교가 지배한 중세 이후에 검은색이 상복이 되었다고 알려진 것과 달리 고대 그리스에서도 상복은 검은색이었다는 유력한 증거라고 강조했다.

따지고 보면 '참회'라는 가치 자체가 이중적이다. 애초에 참회해야 할 일을 했다는 점에서는 부정적이지만 참회를 통해 죄를 씻고 새로운 삶을 얻을 수 있다는 점에서는 긍정적이다. 참회는 재생을 위한 '죽음'이며, 그런 의미에서 그림 속 나이 든 여성은 검은색 상복을 입고 있다. 참회를 거쳐 마침내 진실에 이른다. 보티첼리가 점증법처럼 오른편에서 왼편으로 구도를 전개한 것도 이 점을 의식해서다.

검은색은 회화에서 덮고 가리는 색이다. 그런데 회화 작품 속의 인물이 입은 옷이 찢길 경우 그 옷은 밝은 색(대개는 흰색)이다. 알몸에 마지못해 살짝 걸친 천은 흰색이거나 투명하다. 밝거나 비치는 것은 드러남을 기대하게 하지만 어둡고 검은 것은 모든 기대의 무덤이다.

❖

어둠의　화가들

❖

미술에서 검정은 이탈리아 화가 카라바조^{Caravaggio}가 잘
활용했다. 초기 바로크 미술을 대표하는 그는 그때까지
예술가들이 빛과 어둠을 묘사할 때 가장자리를 부드럽게
처리했던 것과 달리 가장자리를 선명하게 함으로써 빛과
어둠을 한껏 대비시켰다. 어둠이 강할수록 빛은 강렬하게
화면을 지배하며 보는 이들에게 다가온다. 또한 어둠은
화면 안쪽에서 존재감을 과시한다. 여태까지 빛에 어둠을
더하는 방식이 사용되었다면 카라바조는 어둠을 기본으
로 삼아 거기에 빛을 더했다고 하겠다.

　카라바조는 어떤 근본에서 회화의 '어둠'을 발명할 수
있었을까? 화가가 폭력과 살인 사건에 연루되었다는 점
과 관련지어, 상반되는 성향이 공존하여 난폭하게 요동치

카라바조, 〈마태오를 부르심Vocazione di san Matteo〉, 1599-1600

3· 죽음은

는 인물이기 때문이라고 설명하기도 한다. 내면이 어두운 남자가 자신의 어둠을 그림으로 옮겼다는 말이다. 실제로 카라바조의 행각은 그를 어두운 남자로 규정하기에 좋은 점이 있다. 하지만 바로 앞 세대인 르네상스 거장들이 활동하던 이탈리아 또한 온갖 폭력과 파괴로 얼룩졌다. 그럼에도 작품들은 대체로 밝고 화사하다. 또한 카라바조의 화풍을 받아들인 스페인 화가들은 종교적인 열정과 신심을 보여 주는 데 이를 적극 활용했다.

카라바조는 한창 힘이 넘칠 나이에 죽었다. 하지만 죽기 몇 년 전부터 그의 그림에서는, 뭔가 국면이 달라진 듯한 분위기가 풍겼다. 1608-1609년에 제작된 〈성 루치아의 매장〉부터 뚜렷해졌다. 인물들의 크기도 작아졌고, 물감 층도 얇아졌다. 배경이 되는 건축물에 대해서는 아예 관심이 없어졌다. 말년에 그의 작업에서는 빛과 어둠의 균형이 확연히 무너지고, 어둠이 빛을 잠식하는 양상을 보인다. 보다 정확히 말하자면, 빛을 받은 영역이 흐트러지고 허물어져 어둠의 영역으로 빨려 들어가는 것처럼 보인다.

카라바조 자신은 쇠락을 겪었지만 그의 방식은 유럽 다른 나라 화가들을 매료시켰다. 짙은 어둠 위로 떨어지는 빛은 정결한 느낌으로 종교적인 경건함을 표현하기 제격이었다. 네덜란드의 렘브란트Rembrandt van Rijn도 이를

카라바조, 〈성 루치아의 매장Seppellimento di santa Lucia〉, 1608

3·   죽음은

계승하여 검정으로 사건을 심오하게 묘사했다. 렘브란트는 어둠을 마치 먹을 묻힌 붓처럼 휘둘렀다. 어둠은 빛을 감싸며 스스로 화면의 주인공이 되었다. 카라바조가 이끌어 낸 어둠을 더욱 깊고 풍성하게 만들었다.

렘브란트가 그린 초상화 가운데 가장 유명한 〈야경〉은 렘브란트의 성향을 잘 보여 주지만 그와 함께 렘브란트가 당대의 취미와 불화했던 양상을 반영한다. 1640년 무렵 민병대장인 프란스 반닝 코크는 렘브란트에게 자신과 자신의 부대원들의 모습을 그려 달라고 주문했다. 렘브란트가 완성한 그림에서 민병대원들은 훈련을 위해 병기창을 출발하는데, 소총을 든 병사와 북을 치는 병사와 총을 장전하는 병사가 저마다 장비를 절그렁거리며 대열 전체가 리드미컬하게 움직인다.

정작 이 그림을 주문했던 사람들은 불만스러웠다. 어떤 사람은 돋보이지만 어떤 사람은 어둠과 그늘에 잠기거나 서로 겹쳐 잘 보이지 않는다. 모델이 고루 잘 묘사되어야 한다는 상식을 무시한 셈이다. 렘브란트는 이 뒤로 집단 초상화를 주문받을 수 없었고, 화가로서의 처지도 나빠졌다.

이 그림은 19세기에 들어서부터 '야경(夜警)'이라는 제목으로 알려졌다. 그림이 걸려 있던 민병대의 회관에서 난로에 이탄(泥炭)을 땔 때는 바람에 그을음이 덮여 어두워

램브란트 반 레인, 〈야경 De Nachtwacht〉, 1642

3· 죽음은

졌기 때문이다. 애초에 렘브란트가 그린 건 민병대원들이
밝은 한낮에 출정하는 장면이었다. 그림에 먼지나 때가
묻어 애초의 모습과 크게 달라지는 경우는 생각보다 많
다. 가까운 예로 동양의 그림은 비단과 종이가 누렇게 바
뀌면서 색이 달라진다. 어둠을 하나의 주제인 양 대했던
렘브란트에게 화가의 의지와는 상관없이 어둠이 엉겨 붙
어 버렸다.

검은　광채

대체로 미술에서 검정은 불안과 절망, 죽음을 가리켰다. 프란시스코 고야Francisco Goya가 말년에 자신의 집 벽에 그린 '검은 그림'은 공포와 비관론을 표현했다. 널리 알려진 대로 프랑스 화가 오딜롱 르동Odilon Redon은 반평생을 검은색만 사용하여 그림을 그렸다. 상징주의 문학의 영향을 받고, 현미경으로 본 미생물의 기이한 모습에서 영감을 얻은 르동은 검정으로 몽환적이고 신비로운 세계를 표현해 냈다. 여기서 검정은 상상을 자극하고 창조를 촉진하는 매개체였고, 모호하고 신비로운 멜랑콜리의 근원이다.

　검정은 윤곽, 그림자, 배경이다. 또 빛을 더욱 도드라지게 하고, 거꾸로 밝은 색은 검정을 강조한다. 조형적인 측면에서 검은색은 수단의 제한이지만 동시에 자유이기도 하다. 인상주의 미술을 선도한 것으로 알려진 마네Edouard Manet의 그림에서도 검정이 두드러진다. 검정이 잘 살려면 대조되는 색과 나란히 배치되어야 하고, 검정과 나머지 색의 비율이 적절해야 한다. 마네는 벨라스케스Diego Velazquez를 비롯한 17세기 스페인 회화와 일본의 전통 목판화인 우키요에(浮世絵)를 주의 깊게 관찰했고, 그것의 색조와 구성을 응용하여 대담한 구성으로 검정의 힘을 한껏 활용했다.

　인물과 사물을 그릴 때는 여러 단계의 중간 톤을 거쳐 부드럽게 넘어가도록 그리는 것이 당연하게 여겨지던 시절이었다. 반면에 마네는 중간 톤을 건너뛰고 밝음과 어두움을 직접 대비시켰다. 그 결과 화면 속의 세계는 평평해졌다. 하지만 그림의 태반을 차지하는 검정을 날렵한 필치에 담은 색조와 질감으로 다채롭게 변주하여 화면의 지배자로 만든다. 장악하게 한다. 마네의 그림에서 검정은 생명력을 지닌 실체다.

　제자이자 연정을 품었던 베르트 모리조Berthe Morisot를 그린 〈제비꽃 장식을 단 베르트 모리조〉는 마네가 검은색을 다루던 역량의 결집체다. 아버지가 돌아가셔서 검은색 상복을 입었지만 제비꽃으로 포인트를 준 모리조의 모습이 보인다. 시인이자 평론가로서 미술에 조예가 깊었던 폴 발레리는 마네의 그림에 엄청난 찬사를 보냈다.

에두아르 마네, 〈제비꽃 장식을 단 베르트 모리조Berthe Morisot au Bouquet de Violettes〉, 1872

3·   죽음은

내가 감히 말할 수 있는 것은 베르트 모리조의
초상화는 하나의 시라는 점이다. 색감들의 야릇한
조화, 각 부분의 불협한 힘들의 균형, 유행하는
머리 모양 같은 덧없고 무의미한 곁장식과, 인물에
나타나는 슬픈 감정의 대비 등을 통해서 마네는
그의 작품을 사람들의 가슴 속에 울리게 하고,
신비로운 것과 확실한 것의 화음을 들려주는
것이다. †

검정을 놓고 마네와 인상주의 화가들은 입장이 갈
렸다. 인상주의 화가들이 자연에는 검정이 없다며 검정
을 피해 가려 애썼던 것과 달리 동료 화가 카미유 피사로
Camille Pissarro의 말에 따르면 마네는 "검정으로 빛을 냈다".

† 『마네』, 프랑수아즈 카생 지음, 김희균 옮김, 시공사, 1998, 157쪽

검은색 더하기　　검은색

20세기 추상 미술에서 검정은 감각적이고 부차적인 요소를 제거하고 조형의 정수를 드러내는 수단이 되었다. AD 라인하르트Adolf F. Reinhardt나 프랭크 스텔라Frank Stella 같은 예술가들은 검정만으로 화면을 구성했다. 이러한 경향을 선도했던 카지미르 말레비치Kazimir Severinovich Malevich는 조형 예술에서 부차적인 것, 소위 감각적인 것을 지워 버리려 했고, 이를 위해 검정 사각형으로 작품을 구성했다.

　　말레비치의 〈검은 사각형〉은 미래주의 전시회에서 처음 공개되었다. 과거의 유산을 부정하고 전통과 완전히 절연할 것을 주장했던 미래주의를 비롯하여 예술의 근간을 송두리째 부정하던 당시 분위기 속에서 말레비치 또한 가장 과격한 부정을 시도했다. 한편으로 스스로의 〈검은

　　　　　　　　　3.　　죽음은

카지미르 말레비치, 〈검은 사각형 Чёрный квадрат〉, 1915

사각형)에 종교적인 의미를 부여했다. 전통적인 종교 아이콘의 궁극적인 부정으로 검정을 제시했으면서 이를 새로운 아이콘처럼 활용했다.

이 작품은 애초에는 매끄럽고 평평하게 채색되었지만 시간이 지나면서 표면에 균열이 생겼다. 즉, 이제는 더이상 '순수한 검정'이 아니다. 관객은 마치 가뭄에 갈라진 논바닥 같은 화면을 보면서 이것저것 형상을 찾게 된다. 감각적인 모든 즐거움과 이야기에 대한 모든 욕망을 차단하기 위해 검정으로 덮었지만 오히려 검정 때문에 흠집과 균열을 비롯한 불순한 것들이 두드러지게 된 셈이다. 말레비치가 애초에 좋은 물감을 쓰지 않았고 작품의 관리에도 문제가 있었기 때문이다. 순수한 검정을 보여 주고 유지하려면 주의 깊게 공들여야 한다. 말레비치는 검정으로 회화의 죽음을 선언하려 했으나 회화는 검정 속에서 살아 숨 쉬었다.

〈검은 사각형〉에 대한 최근 연구는 흥미로운 사실을 드러냈다. 애초에 말레비치는 울긋불긋한 색으로 그림을 그렸는데, 그걸 검정으로 덮었다. 현실에서 검정이 다른 색을 '덮어 버리는' 양상을 자신의 작업 과정에서 되풀이했다. 게다가 〈검은 사각형〉 주변의 흰 여백 아래에는 말레비치가 썼던 러시아어 문장이 숨겨져 있었다. '동굴에서 싸우는 흑인들 Битва негров в тёмной пещере'이다. 말레비치가

3.   죽음은

처음에 어디서 영감을 얻었는지를 가늠하게 해 준다.

이 그림보다는 덜 알려졌지만 프랑스 예술가 알퐁스 알레Alphonse Allais는 〈한밤중 동굴에서 싸우는 흑인들〉이라는 작품을 내놓았다. 알레의 작품 역시 검은 사각형으로 이루어졌다. '한밤중'에 '동굴'에서 '흑인들'이 서로 뒤엉켜 싸우니까 새까만 색으로만 보이지 않겠느냐는 발상을 단순하고 대담하게 제시한 작품이다. 검정이 지닌 이중적인 성격을 상기시킨다. 검정은 아무것도 보이지 않게 하지만, 그 속에는 아주 많은 것이 드러나지 않은 채 담겨 있을 수도 있다(알퐁스 알레는 1883년에 〈눈을 맞으며 서 있는 핏기 없는 소녀들〉이라는 작품도 내놓았다. 온통 흰색으로만 이루어진 사각형이다).

검정은 모든 가치와 사연을 집어삼킨다. 그렇기에 모든 것을 숨기기도 하지만, 모든 가능성으로 열려 있다. 역설적으로 숨김으로써 신비로움이 생긴다. 신비로움은 의미심장하다. 가려지기 때문에 뭔가 있는 것도 같지만 가려져만 있을 뿐, 별거 아닐 수도 있다. 별거 아닌 것을 가림으로써 그럴싸하게 만든다.

일본의 전통 공연인 가부키와 분라쿠에서는 무대 장치를 움직이고 배우의 연기를 돕는 이들이 검은색 옷을 입고 돌아다닌다. '구로고(黑衣, くろご)'라고 부른다. 오늘날에도 연극 무대에서 무대를 바꾸는 작업을 하는 이들은

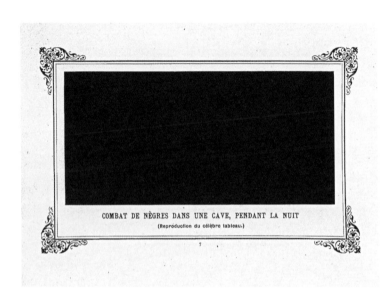

알퐁스 알레, 〈한밤중 동굴에서 싸우는 흑인들Combat de Nègres dans une Cave, Pendant la Nuit〉, 1884

3.   죽음은

암전되었을 때 움직이며, 자주 이들의 움직임이 어둠 속에서 어른거리듯 보인다. 그런데 무대 위의 '구로고'는 오히려 시선을 끈다. 검은 옷을 입은 이들이 존재를 숨기려면 주변도 어두워야 마땅하지만 무대가 충분히 어둡지 않고 또 검은색 옷 때문에 두드러진다. 그저 자신들은 주역이 아니며, 부정되어야 할 존재라는 의미로 검은 옷을 입는다.

관객들은 구로고를 뻔히 보면서도 마치 거기 없는 존재인 양 공연을 감상한다. 아니, 존재를 부정하면서도 오히려 끌린다. 구로고 중에서 오래 일해서 나름 명성을 얻은 이들은 공연 중에 자신의 얼굴을 드러낸다. 관객들이 그의 얼굴을 보고 싶어 하기 때문이다. 이렇듯 구로고는 검은색의 역설적인 성격을 보여 주는 존재다.

흔히 검정은 엄숙하고 금욕적인 성향과 기질을 가리켰다. 실제로는 자연 상태에서 순수한 검은색을 쉬이 얻을 수 없었기에 검은 의상은 값이 매우 비쌌고 세련된 사치, 사회적 지위를 상징했다. 검정은 상반된 욕망을 함께 담은 색이다. 은둔자의 색이자 과시적인 자기현시의 색. 검은색에 검은색을 더하면 검은색이 된다는 답에 검은색은 얼마나 많은 '검정'으로 보여 줄까.

❖

검은　돛

❖

그리스 영웅 테세우스가 크레타의 미궁에서 미노타우로
스라는 괴물을 죽인 일화에는 지리멸렬한 뒷이야기가 따
라붙는다. 테세우스는 자신에게 결정적인 도움을 주었던
아리아드네와 함께 아테네로 돌아간다. 그런데 중간에 낙
소스 섬에 잠깐 상륙했을 때 아리아드네는 일행에서 떨어
져 나와 깜빡 잠들었고, 테세우스는 제대로 찾아볼 생각
도 하지 않고 아리아드네를 섬에 남겨 두고는 떠나 버렸
다. 이에 대한 벌인지, 테세우스는 고국으로 돌아가면서
했어야 할 중요한 한 가지를 빠뜨린다.

　애초에 테세우스가 크레타를 향해 출발할 때부터 아
테네는 초상집 분위기였다. 그가 무시무시한 미노타우로
스를 죽이고 살아 돌아올 거라고는 생각하기 어려웠다.

그래서 테세우스의 아버지이자 아테네 왕이었던 아이게우스는 미리 이런 지시를 내렸다. 돌아오는 배는 테세우스가 죽었다면 출발할 때와 마찬가지로 검은 돛을 달고, 테세우스가 무사하다면 흰 돛을 달라. 그런데 테세우스는 자신이 살아서 귀환하면서도 검은 돛을 흰 돛으로 바꿔다는 걸 잊어버렸다. 바다를 보며 아들을 기다리던 아이게우스는 멀리 검은 돛을 단 배가 보이자 낙심하여 그만 바다에 몸을 던졌다.

신화 속 인물의 신념이나 사고는 현대의 우리와는 큰 차이가 있다지만 그럼에도 좀처럼 이해하기 힘들다. 아이게우스는 왜 그토록 빨리 투신했을까? 설사 아들이 죽었다고 해도 어떻게 된 건지 알아봐야 합당하다. 그리고 아들과 함께 갔던 다른 이들은 무사한지, 무엇보다 아들의 장례를 어떤 형식으로 치러야 할지 등 아버지이자 왕으로서 살피고 정해야 할 문제가 적잖은데, 모든 책임을 내팽개치고 너무도 간단히 세상을 떠나고 말았다.

아들의 죽음에 크게 절망했기 때문이라고 간단히 설명할 수도 있을 것 같지만 이렇게 볼 수도 있지 않을까? 신화가 말하듯 애초에 테세우스가 살아 돌아올 가능성은 거의 없었다. 테세우스를 크레타로 떠나보낼 때부터 아이게우스는 이미 낙심했다. 그래서 투신할 준비를 하고 있었다. 죽음을 기다리고 있었다. 바꿔 말하면 아들의 귀환보다 아들의 죽음을 더 기다렸다. 결국 아이게우스는 자신이 목숨을 버릴 계기, 아들이 죽었음을 확인해 주는 표시인 검은 돛을 기다리고 있었다.

영국의 풍경화가 윌리엄 터너Joseph Mallord William Turner는 범선을 여러 번 그렸다. 대부분이 폭풍 속에 위태로이 흔들거리는 모습이다. 범선은 물결 속에 빨려들어가고, 배의 형태는 물결의 색채 속에 녹아 버린다. 터너의 그림에서 배가 산잔한 바다 위에 떠 있는 경우는 거의 없고, 그나마도 몰락이나 죽음 같은 부정적인 의미다.

〈평화-수장(水葬)〉은 터너의 그림 중에서도 특이하다. 어느 그림보다 배가 형태를 단단하게 유지하고 있다. 돛이 검기 때문이다. 검은 돛은 불행을 암시한다고 했다. 여기서는 역광 때문에 검게 보이지만 이 또한 터너가 의도했다.

검은 돛과 빛의 선연한 대비가 견고한 형체를 만든다. 그리고 이 배는 돛 부분을 비롯하여 전체적으로는 단단하지만 옆구리는 환하게 빛난다. 친구이자 역시 화가였던 데이비드 윌키David Wilkie가 탔던 배가 화재 때문에 침몰했던 경위를 이렇게 보여 준다. 검은 형체와 그 내부의 빛은 기이하면서도 위태로운 아름다움을 자아낸다. 형체는 빛을 가두고, 빛은 갇히다 못해 파열하여 형체를 내부로부터 집어삼킨다.

윌리엄 터너, 〈평화-수장Peace-Burial at Sea〉, 1842

흑기사   vs. 검은 천사

저승사자는 무슨 옷을 입고 나타날까? 대답은 쉬이 나온다. "검은 도포 자락에 검은 갓을 쓴 남성!" 《전설의 고향》 시리즈에서 저승사자가 이런 모습으로 등장하면서 한국인에게는 저승사자의 모습이 뚜렷이 각인되었다. 정작 저승사자가 검은 옷을 입은 것은 문헌이나 설화에 따라서가 아니라 제작진의 아이디어였다고 한다.

   옛 기록을 보면 저승사자는 검은색은커녕 울긋불긋한 옷을 입고 등장했다. 게다가 한국의 전통적인 상복은 흰색이다. 오늘날에 검은색 옷이 대세가 된 것은 검은색과 죽음을 연결했던 서구 전통에 너무도 익숙해졌기 때문이다. 저승사자가 주인공으로 나오는 《도깨비》에서도 그들은 (도포는 아니지만) 검은 정장을 멋지게 차려입고 등장

            3·   죽음은

했다. 수려한 외모 덕분에 부르면 당장이라도 넙죽 따라나설 것 같다. 여기에 불길한 검정을 두른 이유로 안 그래도 매력적인 외모가 더욱 매혹적이 된다.

서양에는 검은색으로 몸을 감싼 '흑기사'가 있다. 검은 차림으로 신분을 숨기면 누구나 흑기사가 될 수 있기에 흥미로운 존재다. 게다가 검은 차림은 강해 보인다. 피와 때, 먼지를 가려 주는 덕분이다. 갑옷에 옻칠해서 검은색으로 연출한 예도 있었는데, 프랑스와 잉글랜드가 벌인 백년전쟁 초기에 활약했던 잉글랜드의 왕자 에드워드는 프랑스 측 기록에 '검은 갑옷'을 입었다고 나와 '흑태자 에드워드'라고 불린다.

가장 유명한 흑기사는 1819년에 쓰인 월터 스콧의 소설 『아이반호』에 등장한다. 마상 시합에 출전한 아이반호는 첫날의 일대일 시합에서 길베르를 비롯한 노르만인 기사 5인방을 모두 꺾는다. 그러자 대회 이틀째에 열린 50명 대 50명의 집단 시합에서 길베르가 동료 기사들과 함께 아이반호를 협격한다. 이때 쇠사슬 문장이 박힌 방패를 들고 검은 옷차림을 한 '흑기사'가 위기에 빠진 아이반호를 구한다. 흑기사는 어떤 면에서는 주인공 아이반호보다 훨씬 매력적이다. (검은 옷을 벗은 흑기사는 사자심왕 리처드로, 모든 문제를 해결해 주는 능력자다.)

현대 대중문화에도 곳곳에 등장한다. 《스타워즈》 시

이블린 드 모건, 〈죽음의 천사 The Angel of Death〉, 1881

3·   죽음은

리즈의 다스 베이더는 흑기사의 변형이라고 할 수 있겠고, 다른 무엇보다 배트맨 시리즈, 특히 《다크 나이트》의 배트맨은 흑기사의 적자(嫡子)다. '흑기사'라고 하면 '술자리의 흑기사'를 가장 먼저 떠올리는 사람도 있겠는데 주인공을 도와주는 인물이므로 원형과 통하는 부분이 있다.

이블린 드 모건Evelyn De Morgan이 그린 〈죽음의 천사〉에서 가련한 소녀 앞에 검은 옷을 입은 천사가 나타난다. 표정이 그윽하기는 하지만, 옆에 커다란 낫을 들고 있어 누가 봐도 죽음의 천사다. 옛날 사람들은 사람이 죽을 때 죽음의 사자(使者)가 온다고 생각해 왔다. 그렇다면 이 세상과 저 세상을 매개하는 존재인 사자는 천사인가, 악마인가?

이 그림에는 '사마엘'이라는 부제가 붙곤 한다. 히브리 전승에 따르면 '사마엘'은 천사였다가 악마가 된 존재다. 기독교의 '사탄'에 해당한다. 애초에 가장 아름답고 권세를 지닌 천사였지만 하느님에게 반란을 꾀했다가 추락했다. 비록 추락했어도 인간과는 격이 다르다. 인간과는 달리 하느님 가까이 있는 존재인 것이다. 하느님은 악마에게 지옥을 관장하게 하고 죽은 이의 영혼을 인도하는 역할도 맡겼다. 어떤 의미에서 악마는 세상의 어둠이고, 어둠이 세상에서 불가결한 존재이듯 악마도 불가결한 존재다. 아니, 하느님 또한 어둠과 무관하지 않다. 하느님은 "어둠을 자신의 몸을 숨길 곳으로 삼았고(『시편』 제18장 제11절)", 십계명을 받기 위해 시나이 산을 오르던 모세는 "하느님이 계시는 짙은 어둠으로 다가갔다(『탈출기』 제20장 제21절)".

하느님은 어둠 자체다. 구약의 『창세기』 제1장 제3절에서는 '빛이 있으라'라는 말씀과 함께 빛을 끌어내고, 빛과 어둠을 나누었다. 하지만 바로 그 앞 문장, 제1장 제2절은 "땅은 혼돈하고 공허했으며 어둠이 심연 위에 있었으며 하느님의 영은 물 위를 떠다녔다"라고 되어 있다. 어둠이야말로 세상의 본원이다.

검정은 죽음의 색이다. 때로는 단순히 배경처럼 보인다. 그림자, 실루엣일 뿐이다. 하지만 그림자는 발끝에서 떨어지지 않은 채 인간을 따라다닌다. 때로 검정이 우리를 부른다. 오딜롱 르동의 그림은 고대 세계에서 지혜와 치유를 관장하고 우주의 비밀을 보유한 것으로 알려진 신이시스가 베일에 감싸인 모습을 보여 준다.

'이시스의 베일'은 결코 들여다보아서는 안 되는 숨겨진 진리를 가리키는 은유다. 르동의 그림에서 베일은 곧 벗겨질 것 같다. 그렇다면 신의 모습이 드러나야겠지만 오히려 반대일 듯하다. 이시스를 가렸던 베일이 휘몰아치는 바람 속에 세상을 향해 펼쳐지면 온 세상이 검정에 잠기리라.

3. 죽음은

오딜롱 르동,
⟨나는 무궁토록 위대한 이시스다! 어느 누구도 내 베일을 들출 수 없다! 나는 태양의 어머니다!
Je suis toujours la grande Isis! Nul n'a encore soulevé mon voile! Mon fruit est le soleil!⟩, 1896

검정

4.

나를

종이다

『젊은 베르테르의 슬픔』은 유독 청년들에게 인기 높았다. 괴테 자신이 스물다섯의 나이에 쓴 첫 소설이기도 하고, 못 이룬 사랑을 죽음으로 잊는다는 결말의 강렬함도 한 몫한다. 나 역시 소년 시절에 이 책을 읽었는데 소설의 마지막 문장은 지금도 기억한다. '(장례 행렬을) 성직자는 따라가지 않았다'였다.

교회는 자살한 영혼이 겪었을 아픔을 보듬기보다는 자살한 영혼을 추방하는 데 더욱 주의를 기울였다. 자살에 대한 교회의 대응은 사형 집행을 앞둔 사형수가 자살하지 않도록 감시하는 것과 비슷하다. 언젠가 거둘 테지만, 네 멋대로 처분하는 것은 두고 볼 수 없다는 입장이다. 이래 죽으나 저래 죽으나 마찬가지 아니냐며 항변할까 봐 교회는 죽은 뒤에 새로 얻을 생명을 미끼로 내걸었다. 죽기 전까지는 생명을 새로 얻을지 어떨지 알 수 없지만, 분명 죽은 뒤에는 생명을 얻을 것이다. 하지만 네가 네 생명을 함부로 처분하면 죽은 뒤에 얻을 새 생명을 너에게서 빼앗을 테다.

자살의 이유는 여러 가지가 있겠지만 대체로 뭔가에 내몰렸을 때 죽음을 도피처로 떠올린다. 자살을 적극적인 선언으로 삼은 경우도 있다. 고대 중국에서 순장 풍습이 물러날 즈음, 죽은 주군과 함께 묻히기 위해 자살하는 신하들이 나왔다. 불필요하게 죽는 사람이 없도록 하겠다는데도 스스로 죽음을 선택했다. 자살로 자신의 미학을 완성하려는 시도도 있었는데 자위대의 궐기를 촉구하며 할복했던 소설가 미시마 유키오가 그렇다.

출퇴근길 지하철 같은 공개된 장소에서 시도되는 자살을 두고 사람들은 '죽으려면 혼자 죽지'라고들 하지만 이미 무해하고 도덕적인 행동의 굴레에서 벗어난 이들에게는 소용없는 말이다. 삶을 등지면서도 한편으로는 자신의 죽음을 알리고 싶다는 마음이 담겨 있다. 그의 뒷모습에는 입이 있다. 커다랗게 벌어진 그 입이 세상을 향해, 산 사람들을 향해 외친다.

✛

내리찍는   칼날

✛

자살을 묘사한 고대의 조각 중 가장 유명한 것은 〈자살하는 갈리아인〉이다. 이탈리아 볼로냐의 명문 루도비시 가문의 저택을 장식했던 조각이다. 기원전 230년 페르가몬 왕국의 아탈로스 1세가 갈리아인들과의 싸움에서 이긴 걸 기념하여 만들게 했다. 애초에 청동상이었는데 로마시대 때 대리석으로 모각되었다.

갈리아 전사는 항복을 거부하고 마지막까지 저항한다. 적보다는 자신의 손에 죽는 것이 낫겠다는 판단에 아내를 먼저 죽인다. 적들에게 어떤 끔찍한 일을 당할지 모르기 때문이다. 그는 숨이 끊어져 늘어진 아내의 팔을 잡고 다른 손으로는 검을 자신의 빗장뼈 위에 세웠다. 이런 방법으로 자살을 기도하는 그림이나 조각을 볼 때면 꼭

작자 미상, 〈자살하는 갈리아인 Galata Suicida〉,
기원전 230-220년의 원작을 기원후 2세기에 모각

4. 나를

내 몸에 칼이 쑤욱 들어오는 느낌이다. 서늘하다.

가슴을 부여잡고 차근히 따져 보면 칼로 심장을 직접 찌르는 방법도 있다. 다만 이렇게 되면 칼을 찌르는 내가 어쩔 수 없이 칼날을 내려다봐야 하니까 두렵다. 이 조각처럼 내 눈이 미치지 않는 곳에 칼을 세우면 조금은 쉽지 않을까? 그러면서도 검을 수직으로 세움으로써 당당하고 분명하게 자신의 결의를 과시한다. 실제로는 칼날이 조금 들어가다가 멈추기 쉬울 것 같지만… 조각 자체가 전장에서 목격한 모습을 바탕으로 제작되었기에 적어도 모델이 된 전사는 성공했으리라 짐작한다.

여러 기록과 경험이 증명하듯 단번에 스스로의 목숨을 끊기란 쉽지 않다. 자살을 결심하면서도 조금이라도 고통을 줄이는 방법을 선택하거나 내 몸에 칼이 들어가는 장면을 보는 걸 꺼린다거나 하는. 그렇다면 칼날의 방향은 무엇을 의미할까?

위를 향해 세운　칼날

✤

한 남성이 쭈그리고 앉아 있다. 우람한 근육질 몸매에 어울리지 않게 옹색한 몸짓이다. 그리스 장수 아이아스다. 트로이 전쟁에 참전한 아이아스는 영웅 아킬레우스에 가려진 면이 있지만 그에 버금가는 용맹을 떨쳤다. 문제는 아킬레우스가 전장에서 화살을 맞고 죽은 뒤에 벌어졌다. 아킬레우스의 갑옷, 그의 어머니이자 바다의 여신 테티스가 대장장이의 신 헤파이스토스에게 부탁하여 만든 더할 나위 없이 훌륭한 갑옷을 누가 물려받느냐를 놓고 그리스 장수들 사이에 다툼이 벌어진 것이다.

　아이아스는 누구보다도 간절히 아킬레우스의 갑옷을 원했지만 결국 오디세우스가 물려받는다. 분을 참지 못한 아이아스는 오디세우스와 (그리스군의 총지휘관인) 아가

엑세키아스 Exekias, 〈아이아스의 자살 Αυτοκτονία του Αίαντα〉, 기원전 530년경

멤논을 죽일 결심을 하고 밤에 검을 들고 장막을 나섰다. 그런데 하늘에서 이를 지켜보던 아테나가 아이아스의 정신을 혼미하게 만들었다. 아이아스는 장수들의 목을 따는 대신에 우리에 들어가 가축들을 죽였다. 한바탕 소동이 끝나자 정신이 돌아왔고, 아이아스는 수치심에 자살을 결심한다.

소포클레스의 비극 『아이아스』로 널리 알려진 이 이야기에서 가장 눈길을 끄는 건 아이아스가 숨을 끊은 방식이다. 아이아스는 칼을 땅에 세워 놓고는 그 위에 그대로 쓰러졌다고 한다. 도자기 그림 속에서도 아이아스는 칼자루를 땅에 묻고 있는 참이다. 황량한 배경 한편에는 야자나무가 솟아 있고, 다른 한편에는 투구와 방패, 창이 놓여 있다. 투구는 비어 있지만 그 비어 있는 부분이 묘하게 눈처럼 보인다. 문제의 발단이 된 아킬레우스의 투구다. 허망한 소유욕과 명예욕 때문에 그는 죽어야 하고, 욕망의 대상이자 분쟁의 시발점이 된 사물은 나 몰라라 하며 오히려 심판하듯 응시할 뿐이다.

누가 칼 위에 쓰러지는 방식을 택할 수 있을까? 원리상으로는 투신자살과 비슷하다. 중력을 이용해 자신의 몸에 치명상을 입힌다. 하지만 투신자살이 막연한 공간에 스스로를 내던지는 것과 달리, 칼 위에 쓰러지는 방식은 칼끝이 자신의 몸으로 곧바로 파고드는 결과를 보다 구

4. 나를

체적으로 분명하게 예상할 수 있다. 어떤 의미에서는 더욱 두렵다.

구약에 등장하는 이스라엘 왕 사울도 결말은 아이아스와 비슷했다. 사울은 군대를 이끌고 철천지원수인 필리스티아인들과 싸웠으나 참패했다. 이스라엘군은 길보아산으로 도망쳤고 필리스티아군은 집요하게 추격했다. 이 과정에서 사울의 세 아들이 죽었고 사울은 화살에 맞았다. 가망이 없다고 생각한 사울은 적에게 잡히기 전에 스스로 죽어야겠다고 결심했다. 부하 병사에게 자신을 검으로 찔러 죽이라고 했다. 부하는 차마 명령을 따르지 못했다. 그러자 사울이 자기 검을 세우고 그 위로 엎어졌다. 부하 병사도 사울과 똑같이 검을 세우고 엎어졌다.

피테르 브뤼헐이 그린 〈사울의 죽음〉은 이런 내용을 담았다. 가파른 산골짜기에 양측 장병들이 바글대고 있어 상황이 어떻게 돌아가는지 가늠도 어렵다. 성경의 기록으로 짐작건대 이스라엘군이 산골짜기로 떠밀려 들어왔고, 필리스티아군이 쫓아와 몰아붙이는 것 같다. 높은 곳에 자리 잡고 활을 쏘는 병사들은 필리스티아군일 터다. 성경에 사울이 화살을 맞아 부상을 입었다고 쓰여 있기 때문이다. 하지만 전장의 모습은 대체로 혼란스러운 아수라장에 가깝다. 당사자들에게는 더욱 그랬겠다.

전쟁과 전투는 자연현상처럼 인간이 짐작할 수 없는

방향으로 흘러간다. 인간은 상황을 체계적으로 통제하려 하지만 대개는 속절없이 휘말린다. 멀리 흐릿하게 멀어지는 풍경은 조용하고 차분해서 앞쪽에서 펼쳐진 아수라장과 대비된다. 브뤼헐은 곧잘 이런 식으로 그렸다. 인간들은 서로 뒤엉켜 정신을 못 차리고 있고, 자연과 세계는 그걸 아무렇지도 않게 둘러싸고 지켜본다.

화면 왼편 구석에 무리에서 떨어져 나온 두 사람, 사울과 부하 병사가 보인다. 그 아래쪽에 몇몇 보병들이 다가오고 있는데 사울을 쫓아온 필리스티아인들이다.

브뤼헐은 고증을 충실히 하지 않고 주인공들을 16세기 기사들의 모습으로 그렸다. 그러다 보니 도기에 그려진 아이아스와는 달리 사울과 부하가 사용한 검은 기다랗다. 덕분에 검을 고정시키기 위해 수고스럽게 땅에 묻을 필요가 없다. 칼끝을 목에 대고 검을 지팡이처럼 세우고는 이 상태로 양손을 펼치고 앞쪽으로 무게를 싣기만 하면 된다. 화가가 그린 대로 꼬챙이에 꿰인 고깃덩어리가 될 것이다.

구약에서 사울 왕이 나오는 대목을 읽다 보면 이유 없이 어른에게 차별과 학대를 받는 아이를 보는 느낌이다. 특히 사울 왕은 영명한 군주 다윗이 뒤를 잇기 때문인지, 다윗과 대비되어 더욱 폄하된다. 아예 글러먹은 군주 취급을 받아 보는 이가 다 무안할 지경이다. 일례로 예

피테르 브뤼헐, 〈사울의 죽음De Zelfmoord van Saul〉, 1562

〈사울의 죽음〉 부분

죽이다

언자 사무엘은 툭하면 사울을 다그치고 저주한다. 사울
도 나름대로 문제가 있었다. 한데 그의 뒤를 이은 군주들
은 도덕적으로 고결했느냐 하면 반드시 그렇지도 않았다.
부하 장군의 아내를 빼앗는 것도 모자라 사지로 몰아넣어
죽게 한 다윗이나, 말년에 우상 숭배에까지 빠져들었던
솔로몬의 죄가 사울보다 가볍다고 할 수 있을까? 그래도
이들은 사울처럼 몽땅 망하는 벌은 받지 않았다. 이것저
것 따져 봐야 답은 나오지 않고, 오히려 씁쓸한 결말만 얻
는다. 여호와는 애초부터 사울을 좋아하지 않았고(혹은 처
음에는 좋아했지만 나중에는 싫어했고), 다윗과 솔로몬은 마음
에 들어 했다. 여호와는 기분파다.

　군주로서의 결과가 이유라면 이유랄까? 사울은 필리
스티아와의 싸움에서 패했지만 다윗과 솔로몬은 이겼다.
구약에서 군주의 실패와 좌절은 엄혹한 심판의 대상이다.
이스라엘은 여러 차례 강대한 주변 민족에게 핍박받는데,
성경은 그걸 이스라엘 백성들이 타락하여 주님을 따르지
않았기 때문이라고 간단하고 명쾌하게 설명했다. 그래야
만 여호와가 이스라엘 백성들을 방치한 것이 합리화된다.
사울이 패한 것 또한 사울 개인에게 책임을 돌려야 한다.
사울이 패하여 비참하게 자살한 것도 그가 주님을 배신했
기 때문이다.

　이 모든 걸 받아들인다 하더라도 여호와의 뻔뻔함은

가려지지 않는다. 사울만 벌하면 될 일을 이스라엘에서 있는 대로 끌어모은 군대 전체가 대가를 치를 일일까? 사울의 세 아들은 또 무슨 죄인가? 만약 사울이 전투에서 승리했더라면 여호와는 사울을 아꼈다고 성경에 기록되었을 것이다.

이 그림은 내 마음을 붙들고 놓아 주지 않는다. 버림받은 인간의 모습이기 때문이다. 냉담한 풍경과 아비규환의 전장 구석에서 개미처럼 조그맣게 그려진 사울은 입을 크게 벌리고 고통과 절망을 있는 그대로 드러낸다. 그 입은 이렇게 외치는 것 같다. "여호와여, 어디 계시나이까?"

사울은 그렇게 스스로를 향해 칼날을 세워야만 했다. 하지만 칼날은 사울 너머를 가리켰다.

꼿꼿한   죽음

스토아 철학자 세네카는 고대 로마 제국의 황제였던 네로의 스승으로 유명하다. 세네카는 네로의 과욕에 위태로움을 느껴 관직에서 물러났다. 하지만 그것만으로 운명의 칼날을 피할 수는 없었다. 역모를 꾀한 것으로 몰렸고, 황제는 자살을 명령했다.

주변에서는 세네카의 처지를 딱하게 여겨 비통해했다. 세네카는 네로가 잔혹하다는 건 모두가 아는 사실이라면서 친어머니와 형제를 죽인 네로가 스승을 죽이려 드는 것은 한편으로는 당연한 일이라며 담담하게 받아들였다. 오히려 슬퍼하는 주변 사람들에게 말했다. "그대들의 철학은 대체 어디 있는가? 오랜 세월 서로 일구어 온 그 결심, 불행이 닥치더라도 당당히 맞서겠다던 그 결심은 어찌 되었단 말인가?"

세네카의 죽음은 자신에게 닥친 불행을 의연하게 받아들이는 표본으로 여겨진다. 욕망을 억제하고 자연의 법도를 따를 것을 주창한 스토아 철학자답게 물질적인 탐욕을 경멸했다고 한다. 그가 남긴 명언도 많다. "인생의 목표는 더 많은 일이 아니라 더 많은 한가로움이다."

실제로의 세네카는 어떤 사람이었을까? 우리에게는 도인 같은 느낌이지만 사실 그는 냉철하고 야심만만한 정치가였다. 뛰어난 웅변 실력과 책략으로 세력을 키웠다. 네로에 앞서 칼리굴라의 미움을 사서 죽을 위기를 맞았지만, 변호인들은 천식으로 허약했던 세네카의 비쩍 마른 모습을 내세우며 그의 목숨이 얼마 남지 않았다며 자비를 호소했다. 세네카 자신도 간곡하게 용서를 구했다. 칼리굴라는 세네카를 살려 주었다.

집요하고 탐욕스러웠던 세네카는 당시 로마의 속주였던 브리타니아(오늘날의 영국)에서 고리대금업으로 주민들을 착취하여 막대한 재산을 축적했다. 이는 브리타니아에서 일어난 대반란의 원인들 중 하나가 된다. 브리타니아인들이 론디니움(오늘날의 런던)에서 로마인 10만 명을 죽였고, 그러자 바다를 건너온 로마 군단병들이 브리타니아인 10만 명을 죽였다.

세네카는 네로가 황제로 즉위하는 과정에서도 중요

페테르 파울 루벤스, 〈세네카의 죽음La Mort de Sénèqu〉, 1615년경

4·   나를

한 역할을 했으니, 그런 네로 때문에 죽게 된 것도 어떤 의미에서는 인과응보다. 그럼에도 철학자로서의 명성 때문에 세네카가 초탈한 삶을 살았으며 죽음 앞에 초연했다는 이미지가 널리 퍼져 있다.

세네카의 자살을 묘사한 그림으로는 플랑드르 회화의 거장 루벤스가 그린 작품이 가장 잘 알려졌다. 당시 나이가 일흔에 가까웠던 세네카는 백발에 머리가 벗겨지긴 했지만 몸은 청년처럼 당당한 근육질이다. 세네카는 무릎과 발목의 정맥을 끊었다고 한다. 위쪽을 바라보며 몸을 세운 곁에서는 철학자의 마지막 말씀이라도 옮겨 적으려는 중이다.

17세기 화가 루벤스는 헬레니즘 시대에 제작된 것으로 여겨지는 고대 조각을 모델로 삼았다. 나이 든 남성이 물에 다리를 담그고 서 있다. 뭔가를 기원하는 것 같기도 하고, 한탄하는 것 같기도 같고, 안타까워하는 것도 같다. 매력적이면서도 수수께끼 같은 이 조각은 '늙은 어부'라고 불렸는데, 나이 든 남성의 구부정함, 탈진, 생명이 빠져나가는 듯한 느낌을 실감 나게 묘사했다. 그래서 일찍부터 '죽어 가는 세네카'라는 별명이 붙었다. 애초에 만든 사람의 의도와는 상관없이 죽음을 다룬 모범적인 표상이 되었다.

사람들이 세네카의 자살을 높이 사고 그의 초연함에

작자 미상, 〈늙은 어부, 또는 '죽어 가는 세네카'

Vieux Pêcheur, dit également 'Sénèque mourant'〉, 2세기

고개를 숙인 건 벅찬 조건에 맞섰던 태도 때문이다. 허리를 펴기도 어렵고 서 있기도 어렵다. 하지만 꼿꼿이 서 있고자 애쓴다. 회화와 조각에서 선 자세는 '의지'를 가리킨다. 반대로 누운 자세는 이제 운명에 순응했다는 표시다.

세네카의 자살은 쉽지 않았다고 한다. (루벤스의 그림이 묘사한 것처럼) 먼저 무릎과 발목의 정맥을 끊었는데, 고령인 탓에 피가 잘 나오질 않았다. 그래서 소크라테스가 그랬듯 독약을 마셨으나 이 또한 듣지 않았다. 결국 뜨거운 증기탕 안에서 질식하는 방식으로 죽었다. 세네카를 어떻게 바라보아야 하는지는 의견이 갈리겠지만 그의 마지막에 대해서는 이견이 없을 것이다.

나가 죽은 자

⚜

"나가 죽어라." 옛날 어른들은 종종 이런 말을 했다. 자식이 받아들일 수 없는 일을 했을 때 '나가 죽어라'는 말은 이곳에 있을 자격과 이곳에서 살 자격을 함께 박탈하겠다는 뜻이다. 직접 들은 적이 없어 물어볼 기회가 없었지만 오래전부터 궁금했다. 일단 나가 버리면 죽었는지 살았는지 알 길이 없지 않은가요?

죽되 내 눈앞에서는 죽지 마라. 죽여 버리겠다고 하면 그에 따르는 결과도 감당하겠다는 의향을 내비치는 반면에 나가 죽으라는 건 내 손은 쓰고 싶지 않으니까 알아서 사라지라는 뜻이다. 추방령을 내린 이가 지닌 권력의 크기에 따라 소극적인 처벌이 되기도 하고, 엄청난 저주가 되기도 한다. 가정의 가장이라면 집을 떠나면 되고, 왕이

4. 나를

라면 나라를 떠나면 되지만 신의 추방령은 어떻게 받아들여야 할까? 지옥(천국일 리가 없다)에서도 그의 손길이 미치는 것을.

죄와 상관없이 추방된 자의 운명은 어떨까? 인간은 일찍부터 추방되었다. '추방된 존재'는 어쩌면 우리 인간의 근본적인 조건일 수도 있다. 아담과 이브는 에덴동산에서 추방되었고, 맏아들 카인도 온 세상을 떠돌도록 명령받았다. 언젠가 허락을 얻어 돌아올 수도 있겠지만 삶의 터전과 공동체를 떠나라는 건 사형 선고와 진배없다.

젊었을 적에는 세상 풍물을 다채롭게 그려 내다가 노년에 갑자기 종교 색을 띤 그림만 그린 제임스 티소James Tissot가 그리스도의 열두 사도 중 한 명을 그렸다. 그는 왜 이 그림에서처럼 목을 매야 했을까? 목을 맨 사람을 그린 그림은 이따금 있었지만 화가들은 얼굴과 표정 묘사를 꺼렸다. 예외도 있다. 죽은 유다를 묘사한 그림들을 보면 한껏 끔찍스럽다.

"유다는 왜 자살했나?" "죄책감 때문이다." "죄책감이들 거라면 애초에 왜 예수를 고발했나? 고발할 때는 미처 몰랐는데 갑자기 괴로워진 걸까?" "…."

괴로워진 걸까, 두려워진 걸까? 유다는 자살한 건가? 아니면 교수형을 당한 건가? 죽어 마땅한 놈이라서 죽었다는 판단은 의미가 없다. 유다는 예수가 십자가에 달리

제임스 티소, 〈목을 맨 유다Judas Hangs Himself〉, 1890년경

4. 나를

도록 길을 열어 준 존재다. 자기에게 주어진 역할을 수행한 것이다. 악을 행함으로써 섭리를 완성시켰다. 그럼에도 악에서 벗어날 수는 없고 존재의 의의를 인정받을 수도 없다. 유다가 자살한 건 어쩌면 자신이 '끼인 존재'임을 깨닫고 절망했기 때문이 아닐까?

한편, 유다 같은 악인의 자살은 어떻게 봐야 할까? 악인이 사라졌고, 그것도 제 손으로 없어졌으니 세상을 위해 좋은 일을 행한 걸까? 자살한 죄인은 어떤 심판을 받아야 할까?

설령 나쁜 뜻이 없던 자라도 자살하면 구원받지 못한다. 교회는 자살을 용납하지 않으니까. 결과적으로 베르테르나 유다나 지옥행은 똑같다. 죄 위에 죄를 겹치면 하나의 죄가 된다.

문제는 이렇게 되면 인간이 죄를 짓지 않기 위해 노력할 이유가 없어진다는 점이다. 인간으로서 하나도 죄를 안 지을 수는 없다. 그런데 죄 위에 죄를 겹친대도 하나의 죄라면, 끝도 없이 죄를 지어도 상관없는 노릇이 아닌가?

『사도행전』에서는 베드로가 사람들에게 유다의 최후를 전한다. 유다가 예수를 팔아 받은 부정한 돈으로 밭을 샀다가 그 밭에서 내장이 터져 쓰러져 죽었단다. 이 때문에 유다의 몸에서 내장이 흘러나오거나 유다의 배가 열려 내장이 드러난 모습으로 묘사하기도 한다. 목을 맨 유다의 배가 열려 있고, 거기서 유다의 영혼이 나오는데 악마가 기다리고 있다가 데려가는 그림도 있다.

『사도행전』의 언급은 『마태오복음』과 어긋난다. 여기서는 유다가 은전을 성전에 내던지고 물러가서 목을 매고 죽었다고 나온다. 따라서 둘 중 하나는 사실이 아니거나 둘 다 실제로 벌어진 일이 아니라 억측이나 소문일 수도 있다. 유다가 어찌 되었는지는 초미의 관심사였을 터인데도 어긋난 진술이 있다는 자체가 유다의 결말을 모른다는 증거가 된다.

유다는 멀리 떠났을 것이다. 예수가 부활했으며 승천했다는 소식조차 들을 수 없을 만큼 먼 곳으로. 예수의 입에서는 아니지만 '나가 죽어라'는 명을 받았기 때문이다. 그러니 유다가 올가미를 벗어났다고 안타까워할 필요는 없다. 유다가 한 일 또한 신의 섭리였다면 유다는 올가미를 벗어나야 마땅하고, 유다가 한 일이 신의 뜻을 거역한 것이었다면 어디가 되었든 지옥을 이고 다녔을 테니.

'방황하는 유대인'에 대한 전설이 있다. 그의 이름이 '아하스에로스'라고 한다. 예수가 십자가를 지고 골고다 언덕을 향해 가는 길에 아하스에로스의 집 앞을 지나게 되었다. 예수는 그의 집에서 잠깐 쉬어 가길 청했다. 하지만 아하스에로스는 예수를 거절했다. 이 때문에 아하스에로스는 저주를 받아 영원히 세상을 떠돌게 되었다고 한다. 유다는 나가 죽었다. 왜 유다를 집으로 잡아들여 죽이지 못한 걸까. 섭리의 모순을 메우려면 추방이 필요하기 때문일까?

구로사와 아키라 감독의 《꿈》은 몇몇 단편으로 이루어진 영화다. 첫 번째 꿈은 이렇다. 어린 '나'에게 어머니는 당부한다. 해가 비치는데 비가 내리는 날에는 절대 숲으로 가지 말라고. 왜냐하면 여우가 결혼식을 올리는 때이니까. 어느 날, 햇살 속에 비가 내렸다. 나는 어머니의 당부를 무시하고 숲으로 갔다. 신랑 여우, 신부 여우를 비롯한 여우 행렬이 지나가는 걸 보게 되었다. 여우들은 리드미컬하게 걸음을 옮기며 이쪽저쪽을 쳐다보았는데, 나는 그런 여우들과 눈이 딱 마주치고 말았다. 두려워진 나는 숲을 나와 집으로 달려갔다. 그랬더니 문 앞에 어머니가 나와 서 있다. 어머니는 냉엄한 표정으로 말한다.

"너는 이제 집에 들어올 수 없다."

여기서 첫 번째 꿈이 끝난다. 뒤이은 꿈들은 추방당한 '나' 앞에 펼쳐졌던 여정의 기록이다. 모든 것은 추방에서 시작된다.

✤

화가의　　유언

✤

추리 소설에서는 '다잉 메시지'가 늘 중요한 단서가 된다. 자살자가 남긴 유서 또한 마찬가지다. 유명인이 자살했을 때 유서가 공개되지 않는 경우도 적지 않고, 유족이 자신들에게 유리하도록 유서의 일부만 공개하기도 한다.

예술가라면 다잉 메시지나 유서 대신 '그림'을 남길 수도 있지 않을까? 빈센트 반 고흐Vincent van Gogh는 1890년 7월 30일 오후 세 시에 오베르의 공동묘지에 매장되었다. 그의 죽음이 자살이라는 이유로 오베르의 신부는 종교 의식을 허락하지 않았다.

최근의 연구는 빈센트가 정말로 자살했는지에 관한 의심스러운 정황을 여러 각도로 보여 준다. 예술가를 쏜 총이 끝내 발견되지 않았고, 빈센트가 직접 총 쏘는 걸 보았다는 사람도 없다. 7월 27일 저녁, 여느 때처럼 밖으로 나갔던 빈센트는 비척거리며 하숙집으로 돌아왔다. 저녁 식사 시간에도 내려오지 않았기에 하숙집 주인이 방으로 올라가 봤다. 그는 피를 흘리며 누워 있었다. 주인이 연유를 묻자 빈센트는 자신에게 총을 쐈다고 했다. 다음 날 경관 두 사람이 찾아왔다. 이들은 빈센트에게 왜 그런 짓을 했냐고 물었고, 권총은 어디서 났느냐고도 물었다. 빈센트는 아무 대답도 하지 않았다.

자, 그럼에도 일단 빈센트가 자살한 것으로 결론을 지어 놓고 모든 이야기는 그 지점을 향해 몰아간다. 자살했다면 유서가 있어야 한다. 빈센트가 마지막으로 입었던 윗도리 주머니에 들어 있던 편지가 유서라고 생각되었다. 7월 27일 당일에 적은 그 편지에는 이렇게 적혀 있었다.

"그래, 나의 그림. 그걸 위해 나는 목숨을 걸었고
이성까지도 반쯤 파묻었다."

같은 편지에서 빈센트는 동생 테오에게 물감을 더 보내 달라고 했다. 곧 죽을 결심을 한 사람이 물감을 보내 달라고 했다니? 아무튼 유서는 이걸로 되었고, 마지막 작품도 있어야겠다. 〈까마귀가 나는 밀밭〉이 마지막으로 그린 그림으로 등장한다. 밀밭 사이로 난 길은 출구가 없어 보인다. 게다가 불길하고 쓸쓸하게 까마귀가 난다.

어빙 스톤은 『삶의 열망Lust for Life』에 빈센트가 마음 속의 어둠에 사로잡히는 장면을 넣었다. (한국어판 제목은 『빈센트, 빈센트, 빈센트 반 고흐』다.)

> 검은 새떼가 하늘에서 일시에 쏟아져 내려왔다.
> 까옥까옥 울부짖으며 날개를 퍼덕이는 수천의
> 검은 새떼. 그 새들이 빈센트에게 내리덮쳐 그를
> 치고 휘감으며, 그의 머리칼을 뚫고, 코 속으로 입
> 속으로 귀 속으로 눈 속으로 날아들며, 숨막힐 듯이
> 빽빽한 푸득이는 검은 날개들의 먹구름 속에 그를
> 파묻어버렸다. †

이 소설을 바탕으로 만든 영화 《열정의 랩소디》(역시 원제는 'Lust for Life')에서는 오베르에 자리 잡은 빈센트가 자신을 엄습하는 발작에 시달리는 장면이 나온다. 마지막 장면을 위한 복선인 셈이다. 그러고는 밀밭을 향해 이젤 을 세우고 〈까마귀가 나는 밀밭〉을 그리던 빈센트가 얼마 전부터 자신을 덮쳐 오던 증상이 다시 나타나자 주머니에 서 권총을 꺼내 스스로를 향해 당긴다. 마침 마차를 몰고

---

† 『빈센트, 빈센트, 빈센트 반 고흐』, 어빙 스톤 지음, 최승자 옮김, 청미래, 2007, 504 쪽

가던 농민이 총소리에 뒤를 돌아본다.

이 장면은 각색이라고 봐줄 수 있는 정도를 넘어서 아예 날조에 가깝다. 앞서 말한 것처럼 빈센트와 권총을 연결시키기가 어렵고, 결정적으로 이 장면을 목격한 사람도 없기 때문이다.

일단 화가의 '마지막 그림'을 지정하기 어려운 경우가 압도적으로 많다. 특히 유화를 그리는 화가들은 대개 여러 점을 함께 작업한다. 유화가 마르는 데 시간이 꽤 걸리기 때문이다. 어떤 화가가 스무 점 정도를 작업실에 펼쳐놓고 작업하던 도중 목매달았다면, 그의 '마지막 작품'은 무엇이 될까? 빈센트가 자살했는지 여부를 떠나서 그가 마지막으로 그린 그림이 어떤 것인지 알 수 없다.

〈까마귀가 나는 밀밭〉은 화가 빈센트 반 고흐의 마지막 그림으로 '간택'되었다. 빈센트가 테오에게 보낸 편지에서 이 그림을 언급했고, 얼마 지나지 않아 숨졌고, 죽음을 암시하는 까마귀가 저물어 가는 밀밭 위로 날아가는 모습이 인생의 마지막 작품으로 삼기 적격이라고 여겨졌기 때문이다.

빈센트의 마지막 작품에 대한 이야기는 사실을 살필수록 허망해진다. 빈센트가 자기 아랫배를 틀어쥐고 비척거리며 하숙집으로 돌아온 그날, 아침에 갖고 나갔던 화구와 캔버스와 이젤을 다시 가져오지 못했다. 결국 이들

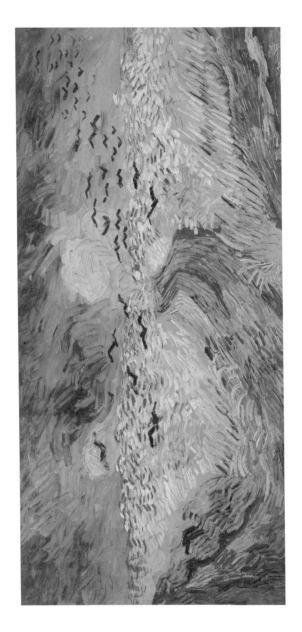

빈센트 반 고흐, 〈까마귀가 나는 밀밭 Champ de Blé aux Corbeaux〉, 1890

중 아무것도 찾지 못했다(빈센트의 타살을 주장하는 쪽에서는 빈센트에게 총을 쏜 사람이 범죄 현장을 은폐하기 위해 화구와 캔버스와 이젤을 치웠을 거라고 추측한다). 그날 사라진 캔버스에 담긴 그림, 오늘날까지 찾지 못한 그 그림이 마지막 작품인 것이다.

2015년 서초동 예술의전당에서 미국 추상미술을 대표하는 화가 마크 로스코Mark Rothko의 작품전이 열렸다. 이 전시는 관객이 입장하는 순간부터 로스코가 '자살한 예술가'라는 사실을 각인하도록 치밀하게 구성되었다.

로스코의 그림은 보는 사람들의 감정을 뒤흔든다고 알려져 있다. 언제부터인가 사람들은 그의 그림 앞에서 우울하고 회고적인 불가사의한 감정에 자주 사로잡혔고, 눈물을 흘리기도 했다. 색채의 덩어리가 경계를 분간하기 어려운 공간 속을 떠도는 그림. 관객이 그의 그림을 마주하고 느끼는 감정을 긍정적이라고 보기는 어렵다. 로스코는 오랜 노력 끝에 명성을 누릴 수 있었지만 그러고부터는 자신의 예술이 시대에 뒤떨어진 것이 되었다는 불안에 시달렸다. 1960년대 말부터는 건강이 나빠졌고(그는 1903년생이다), 그러다 보니 작업도 마음껏 할 수 없었다. 로스코의 작업은 음울하고 둔중해졌다. 그렇게 1970년 2월 25일, 뉴욕에 있던 작업실에서 자살한 채로 발견되었다.

그림은 구원이 될 수도 있지만 부정적인 감정을 증폭

자신의 작품 앞에 선 로스코(1961)

휴스턴에 있는 로스코 예배당 내부

4.   **나를**

시키는 기제일 수도 있다. 로스코 자신의 죽음이 그걸 증명한다. 화가가 자신의 작품이 불러일으키는 감정을 미리 의도했을까? 알 수 없다. 하지만 어느 시점부터 자신의 작품이 사람들의 마음을 뒤흔든다는 걸 알게 되었고, 그런 작용이 더욱 뚜렷하게 이루어지길 원했다. 작품이 전시되는 공간과 환경에도 점점 까다로워졌다.

로스코는 전시실에 놓인 붉은 안락의자를 등받이가 없는 나무 의자로 교체하도록 했다. 작품을 비추는 조명도 은은하게 바꾸었다. 다른 예술가들의 작품과 함께 전시하는 것도 꺼려서 점점 단체전에는 출품하지 않았고, 자신의 작품이 되도록 한곳에 모여 더 큰 힘을 발휘하기를 원했다.

정작 예술의전당에서의 전시는 전혀 명상적이지 않았다. 전시장에는 로스코에 대한 다큐멘터리 영상이 계속 재생되고 있었다. 덕분에 로스코를 연기한 배우의 목소리가 전시장의 많은 부분을 덮었다. 그림이 감정에 작용하는 도식과 예술가가 자살에 이르는 도식을 주입하려는 것 같았다. 그리고 로스코가 마지막으로 그린 그림이라며 온통 붉은색으로 뒤덮인 그림 한 점을 찍어 제시했다. 로스코야말로 말년에는 수많은 작품으로 가득한 작업실에서 먹고 자면서 지냈는데, 그중 한 점이 마지막 작품이라니… 무슨 오만인가. 게다가 이 작품은 얼핏 보면 사람의 손목

부분을 확대한 것처럼 보여 예술가가 스스로 손목을 그은 것을 암시한다는 설명까지 따라붙었다.

전시를 보거나 예술가의 작품과 삶을 살피는 작업이 기껏 예술가의 결말을 확인하는 일은 아닐 터인데 이렇게라도 마침표를 찍어야 한다고 여겼던 모양이다. 왜 이토록 마침표에 집착하는지는 알 것 같으면서도 도통 모르겠다. 이렇게는 말할 수 있다. 인생의 끝에 혼란과 지리멸렬만 존재한다는 걸 쉽사리 받아들이기 어렵기 때문이다. 죽은 이는 종종 거대한 수수께끼를 던진다. 남은 이들은 그것이 자신들을 삼킬까 두려운 것 같다. 어떻게든 결말을 지으려 한다.

선지자이고 예언자이고 사제인 예술가들은 그 길목에서 해답을 내놓아야 하는 존재다. 불의의 사고든 자살이든 세상을 떠나야 했던 예술가에게 가혹한 요구가 아닐 수 없다. 아주 오래전부터 지금까지 예술과 예술가가 손에 닿을 수 없이 멀게 느껴졌던 이유도 여기에 있지 않을까 싶다. 그는 정답을 몰랐을 테니.

마크 로스코, 〈무제Untitle(붉은 바탕 위의 검정과 오렌지색)〉, 1962

죽이다

이야기가 없는　죽음

❖

인상주의 미술의 선구자로 분류되고 파격적인 예술을 시작한 것으로 알려진 마네. 마네는 흔히 하는 말로 '현대적인 것'을 보여 주었다. 이 현대적인 것은 전통적인 엄숙함과 극적인 성격의 결여이기도 하다.

마네는 죽음을 제법 자주 다루었다. 〈막시밀리안의 처형〉은 제목 그대로 멕시코 제국의 괴뢰 황제였던 막시밀리안이 총살당하는 모습이다. 〈죽은 예수〉, 그리고 〈자살한 사람〉도 있다. 〈죽은 투우사〉도 그렸는데, 묘사는 딱히 현실적이지 않다. 잘 정돈된 실내에 어깨 아래로 피만 조금 흘리며 잠자듯 누워 있는 마네의 그림과 달리 실제로 투우사는 피와 모래 범벅이 된 모습으로 쓰러졌을 것이다.

에두아르 마네, 〈자살한 사람Le Suicidé〉, 1877년경

특히나 자살자를 그린 그림은 이래저래 당혹스럽다. 자신을 권총으로 쏘아 침대에 쓰러진 어떤 남자의 모습일 뿐이다. 사실 이 그림은 별로 다루어지지 않는다. 달리 연결시킬 요소가 없어 보이기 때문이리라. 회화 작품은 그것이 양식적으로 고리 노릇을 하거나 흥미롭거나 이색적인 이야기를 담고 있어야 비로소 고찰의 대상이 된다.

간소한 방 안 침대 위에 남자가 누워 있다. '누워 있다'고 할 수 있을까. 남자는 방금까지 침대에 앉아 있었을 것이다. 가슴께에는 피가 보인다. 가슴에 대고 방아쇠를 당겨서는 그대로 뒤로 넘어갔다. 그러니 쓰러져 있다고 해야 정확하다.

상황은 있음직 보이기도 하고, 어딘가 공상의 산물 같기도 하다. 그는 도시 어딘가의 숙소에서 권총 방아쇠를 당겼는데, 도심 한복판에서 이 정도 총소리가 나면 건물 관리인이든 누구든 달려와 볼 텐데 그렇다면 이 그림, 시간이 정지한 것처럼 보이는 이 그림은 실은 아주 짧은 순간을 가리키는 게 된다. 방아쇠를 당긴 직후, 그리고 누군가 문을 따든 열든 들어와 발견하기 전까지의 시간.

사연을 알 수 없는 이 그림은 영국 화가 헨리 월리스 Henry Wallis가 그린 〈채터턴의 죽음〉과 좋은 대조를 이룬다. 겨우 열일곱의 나이로 자살한 작가 토머스 채터턴의 모습을 담은 유명한 작품이다. 시재(詩才)를 인정받지 못

4. 나를

하자 낙담하여 죽었던 건데, 막상 죽고 나자 세상이 그에게 찬사를 보내기 시작했다. 사람들은 소년과 청년의 경계에 서 있는 이 시인을 문학의 격정에 사로잡힌 순교자처럼 여겼다. 실제 사건으로부터 한참 뒤에 그려진 그림에서도 채터턴은 젊고 아름다운 주인공의 모습 그대로다.

침대에 길게 누운 청년은 고개가 침대 곁으로 살짝 비껴 나와 있고, 팔은 우아하게 늘어져 있다. 잠든 것처럼 평온하다. 바닥에 놓인 상자는 뚜껑이 열려 있으며 갈가리 찢긴 종이가 안팎에 흩어져 있다. 채터턴이 습작한 시라는 사실을 짐작케 한다. 동시에 문학적인 성공을 원했지만 뜻대로 되지 않았음을 암시한다. 창문을 열어 둔 것 또한 얄궂다. 영혼이 비둘기처럼 창문으로 빠져나갔으리라. 그런 암시다.

하지만 마네의 그림에서는 시간도 장소도 알 수 없고, 인물이 누구인지도 모른다. 사무원, 문인, 예술가, 심지어 사복 차림의 군인일 수도 있다. 침대 머리맡에 걸린 초상 속 여성과 관련 있을까? 그럴 수도 있고, 아닐 수도 있고…. 침대 발치에 창이 있을 거라고 짐작할 수 있지만 화면 안에 창을 그리지 않아서 답답한 느낌이 든다.

작품은 1877년부터 1881년 사이에 그려졌다고 추정되는데, 따져 보면 화가의 말년이다. 마네는 쉰을 갓 넘기고 죽었다. 이 그림을 그릴 무렵 건강상의 문제로 고

헨리 월리스 〈채터턴의 죽음 The Death of Chatterton〉, 1856

4. 나를

통을 겪고 있었다. 이래저래 우울했다. 이 그림은 작다. (38x46cm이다.) 작은 화면에 가느다란 붓으로 그렸는데, 중간 톤의 회색을 전체적으로 대충 칠하고는 흰색을 더해서 명도 단계를 만들었다. 일단 필치가 좀 성의 없다. 마네 특유의 서툰 것도 같고 무심한 것도 같으면서도 뻔뻔하고 경쾌하게 도약하는 필치가 보이지 않는다. 화가는 매너리즘에 빠져 될 대로 되라는 심정으로 붓을 놀렸다.

자살은 뭔가 영웅적인 희생이나 소명과 관련되어 왔다. 앞서 루벤스는 세네카를 일으켜 세웠으며(140쪽 참고), 다비드는 〈소크라테스의 죽음〉에서 독배를 든 소크라테스를 일어나 앉은 모습으로 그렸다. 이들은 서서 운명과 맞선다. 아니면 채터턴처럼 관능적인 느낌으로 누워 있어야 했다. 반면 마네의 그림 속 죽은 이들은 너부러져 있다. 어떤 영웅적인 면모도 없다. 거창한 이야기도, 도덕적 교훈도 없다.

이야기가 없는 죽음을 견뎌야 할 시대가 당도했다.

5.

Si Vis Vitam, Para Mortem

죽어 가는

───────────────

사람을 그린 화가

✤

✤

죽은 이의 몸은 타인에게 내맡겨진다. 타인이래도 가족을 떠올리기 쉽지만 '그것'(더 이상 생명체가 아니다)을 무람하게 쳐다보는 온전한 타인이다. 에밀 졸라의 『테레즈 라캥』에는 19세기 파리에 실제로 존재했던 시체 공시소를 묘사한 대목이 나온다. 주인공 로랑은 유부녀인 테레즈와 정을 통했고, 그녀와 공모해서 남편 카미유를 죽인다. 강으로 보트 놀이를 나갔다가 익사로 위장해서 죽이는데 시체가 발견되지 않았다. 그 뒤로 로랑은 카미유의 시체를 확인하기 위해 매일 시체 공시소로 향한다.

그러면서 그는 점차 단순한 구경꾼이 되어 갔다.
그는 소름끼치게 야릇하고 그로테스크한 모습의
시체를 바라보면서 이상한 즐거움을 느끼곤 했다.
젖가슴을 드러내고 누워 있는 여자들의 시체를

볼 때면 특히 그러했다. 아무렇게나 누워 있는, 피
묻고 군데군데 구멍이 뚫린 나체들이 그의 마음을
당겨 그를 붙잡아 놓고 있었다.[†]

작가는 죽은 이들에 대한 처분이 잔인하다는 점을 깊이
의식하고 있었다. 졸라의 또 다른 소설『작품』에는 가장
훌륭한 예술 세계를 펼치겠다는 야심에 찬 화가 클로드
랑티에가 등장한다. 랑티에는 당시 허식으로 가득한 주류
미술에 저항하며 자신이 생각하는 온전한 진실을 캔버스
에 담고자 무던히 애쓴다. 이 소설은 어떤 의미에서 예술
가가 세상과 맞서는 국면을 무지막지할 정도로 단순하고
선명하게 보여 준다.

[†]　『테레즈 라캥』, 에밀 졸라 지음, 박이문 옮김, 문학동네, 2판, 2009, 137쪽

랑티에는 졸라와 절친했던 마네와 세잔을 섞어 놓은 듯한
인물이다. 실제로 세잔은 소설을 읽고 마음이 상하여 졸
라와의 인연을 끊었다. 하지만 소설 속 랑티에의 처지는
마네나 세잔보다 훨씬 나빴다. 랑티에는 경제적으로 너무
궁핍한 나머지 아들을 영양실조로 잃고 만다.

랑티에는 죽은 아들을 그림으로 그린다. 그러고는 그때
까지 자신을 받아 주지 않았던 '살롱'에 이 그림을 출품한
다. 랑티에에게는 파주롤이라는 세속적이고 약삭빠른 친
구가 있었는데, 그가 마침 그 해 살롱의 심사위원이었다.
평소 파주롤은 예술의 지고한 가치 따위에는 아무 관심이
없었고 랑티에를 내심 무시했지만, 이번에는 랑티에의 그
림을 입선시키기 위해 나름대로 분투한다. 우여곡절 끝에
죽은 아들을 그린 그림이 살롱에 입선하여 전시장에 내걸
린다. 하지만 당시에는 작품을 전시장 바닥부터 천장에

이르기까지 꽉 채워 전시했기에 별다른 이슈가 없던 랑티에의 그림은 관객들의 눈에 닿지도 않을 만큼 높은 구석에 걸리고 만다.

그림을 본 랑티에는 절규한다. 죽은 아이를 그린 그림이라도 사람들이 보아 주길 바랐다. 제 아이도 온전하게 챙기지 못하는 못난 가장의 처지를 내비쳐서라도 관심을 구걸했다. 하지만 세상은 냉혹했다. 그딴 어설픈 계산이 먹힐 것 같으냐는 식이었다. 죽은 이는 때로는 시선으로 모욕당하고, 때로는 무관심으로 모욕당한다.

에밀 졸라의 소설은 상당 부분 현실을 근거로 했다. 실제로 여러 화가가 삶에서 죽음으로 가는 과정을 그려 냈다. 그림을 그린 이유, 화가가 그리고 싶었던 것, 그리고 우리에게 전해 주는 느낌은 죽음의 모습만큼이나 다양하다.

카미유를 그린 　 모네

❖

1879년 9월 5일, 모네Claude Monet의 부인 카미유가 오래 자궁암을 앓던 끝에 숨을 거두었다. 모네가 1880년대부터 명성도 얻고 돈도 만졌던 걸 생각하면 카미유가 조금 더 살았더라면 싶은 안타까움이 자리한다. 화가가 그린 아내는 얼마나 눈부셨던가. 모네가 그린 다른 그림 속 카미유에게서 가난과 고통을 읽을 수는 없다. 그러나 카미유가 죽어 가는 모습을 지키던 무렵의 모네는 여러 아이를 건사해야 했던 처지에다 예술가로서의 입지는 여전히 불안했다.

모네는 죽은 아내의 모습을 그렸다. 나중에 그는 이렇게 회상했다. 자신의 손을 이끌었던 것은 아내의 죽은 얼굴 위에서 펼쳐졌던 빛의 변화와 율동이라고. 아내의 죽음 앞에 애도 대신 그림 그리기를 택한 모네를 피도 눈물도 없는 인간이라고 해야 할까?

그가 속한 인상주의라는 사조는 인간이 겪는 처절함을 좋아하지 않았다. 그들은 표면의 반짝임과 일렁임만을 좇았다. 야박하게 말하자면 인상주의에 심장을 후벼 파는 무엇은 없다. 모네 또한 평소 인간의 얼굴을 또렷하게 그리는 데 별 관심이 없었다. 사랑하는 아내도 예외는 아니었다.

그가 죽은 아내 앞에 이젤을 세웠다. 그림에 아내가 담겨 있을 턱이 없다. 대신 무엇이 있나? 거기 담긴 것은 죽은 이의 감정이 아니라 그린 이의 감정이다. 모네는 터치를 여러 겹 얹었고, 분홍색의 길쭉한 터치로 카미유의 얼굴을 덮은 베일도 묘사했다. 하지만 전체적으로 필치는 어수선하다. 모네는 막상 붓질하다 망설였다. 이런 심정이었겠지. '이걸 그려도 되나? 내가 지금 뭘 하고 있나?…' 모네가 남긴 붓질에서는 당혹감과 난감함이 뒤섞인 감정, 이래저래 그림이 안 풀린다 싶어 거의 주저앉다시피 했던 흐름이 읽힌다.

모네는 이 그림을 자신의 작품으로 인정하고 싶어 하지 않았다. 서명을 하지 않은 것이다. 미완성작에도 곧잘 서명했던 데 비추어 보면 이 그림에 어떤 자리를 내줘야 할지 끝내 결정하지 못했음을 짐작할 수 있다. 한편으로

클로드 모네, 〈죽은 카미유-Camille Monet sur son lit de Mort〉, 1879

는 아예 없앨 수도 있었을 것이다. 실제로 모네는 불만스러운 작품을 적잖이 없앴다. 불만으로만 따지자면 이 그림도 마찬가지인데 끝내 없애지도 못했다.

시간이 지나 모네도 세상을 떠난다. 죽음 이후는 그의 영역이 아니다. 모네의 아들은 아버지의 서명을 도장 모양으로 만들어서 미처 서명하지 않은 작품들에 찍었다. 이 그림에 남은 서명도 그렇게 생겼다. 그림을 보면 끝까지 이리지도 저러지도 못했던 모네의 고심이 전해진다.

5. 죽어 가는

✤

아내를 담은 　 연작

✤

스위스 화가 페르디난트 호들러Ferdinand Hodler는 부인 발랑틴 고데 다렐이 병석에 누운 모습을 여러 차례 그렸다. 모네와의 차이가 있다면 (그가 바랐던 결과인지는 모르겠으나) 병석의 아내를 그린 그림이 아주 유명하다는 점이다.

아름답고 기품 있는 여성이었던 발랑틴은 1908년에 호들러와 결혼했고, 5년 뒤에는 딸을 낳았다. 평온도 잠시, 얼마 지나지 않아 발랑틴이 암 선고를 받는다. 병세가 악화된 발랑틴은 로잔 호숫가에 있는 병원에 입원했다. 호들러도 거의 매일 병실에 들러 아내와 함께 시간을 보냈다. 병이 퍼져 감에 따라 발랑틴은 날로 수척해졌다. 마침내 호들러가 병상의 그녀를 그리기 시작했다.

이렇게 물을 수 있다. 병으로 고통스러워하는 사람을,

게다가 죽어 가는 사람을 그릴 수 있을까? 저마다 답은 다르겠지만 화가에게는 최선이었다. 호들러가 죽어 가는 아내를 그린 것은 아내가 겪고 있는 죽음과의 싸움을 함께 이겨 내겠다는 뜻이 아니었다. 이 과정을 자신이 할 수 있는 방식대로 함께하겠다는 의지였다.

우리가 죽음과 그 과정에 갖고 있는 오해 중 하나가 죽어 가는 환자를 보살피는 일이다. 그 일은 물론 힘들고 바쁘지만 의외로 많은 시간이 주어진다. 환자는 긴 잠을 자고, 치료 등의 이유로 자리를 비운다. 그에게도 나름의 생활이 존재한다. 그가 병원에서 보내는 시간은 단순히 죽음을 기다리는 시간이 아니라 생생하게 살아가는 시간이기도 하다. 보호자는 그 시간 동안 오롯이 환자를 쳐다보고만 있을 수 있을까?

발랑틴은 난감한 표정을 짓기도 하고, 나중에는 시선을 의식할 수도 없는 상태로 허덕인다. 고개를 이리저리 틀어 가며 힘겨워한다. 죽음이 예정되어 있다면 차라리 이것이 마지막 모습이기를. 더는 고통받지 않기를. 하지만 그림 제목은 '죽어 가는'이니 고통은 끝나지 않았다.

발랑틴은 더 이상 고개를 들지 못한다. 눈도 뜨지 못한 채 가쁜 숨을 내쉰다. 그럴수록 호들러는 몸의 다른 부분은 간략하게 그리고는 얼굴에 집중했다. 인생의 모든 순간에 인간은 희로애락을 느낀다. 발랑틴의 표정도 시시

5. 죽어 가는

페르디난트 호들러, '죽어 가는 아내' 연작
〈병상의 발랑틴Valentine Godé-Darel Malade〉, 1914

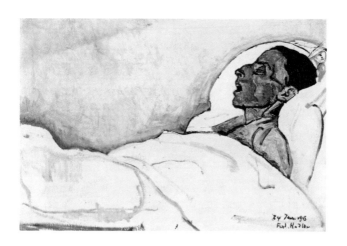

〈고통스러워하는 발랑틴Valentine à L'agonie〉, 1915

5. 죽어 가는

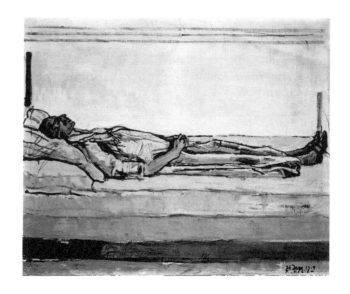

〈숨을 거둔 발랑틴Valentine Godé-Darel sur son lit de Mort〉, 1915

각각 변한다. 호들러는 두터운 선으로 큼지막하게 윤곽만 잡았는데, 발랑틴의 고통이 커질수록 호들러의 필치도 어지러워진다. '연작'을 보는 입장에서는 병자의 몸이 점점 아래로 늘어지면서, 몸을 세워 앉았던 수직선이 수평선으로 내려앉는 과정을 의식하게 된다. 수직선은 삶, 수평선은 죽음이다. 호들러는 발랑틴이 죽던 날 병실 창문으로 본 호수의 일몰을 그렸다.

이날 호들러가 그린 발랑틴은 이제 다른 사람이 되었다. 호수의 수평선처럼 길게 누워 있다. 발랑틴이 한참 고통스러워할 때는 함께 흔들리던 필치가 이제는 차분해졌다. 발랑틴이 신발을 신고 있다는 점은 이상하다. 병석에서 신발을 신고 누웠을 리 없고 발을 저렇게 드러냈을 리는 더더욱. 숨이 끊어지자 관에 모시기 전에 신발을 신겼다. 그러니 이제 걸을 것이다. 걸어가리라. 어디인지는 모르겠지만 어디든 갈 수 있으리라.

가셰가 그린   빈센트

〈가셰 박사의 초상〉은 빈센트 반 고흐에 대한 미술 시장의 열광을 상징하는 작품이다. 1990년 5월 15일 뉴욕의 크리스티 경매에 나와 8,250만 달러라는 거액에 낙찰되었다. 그때까지 세상에서 가장 비싼 가격에 팔린 그림이 되었다. 그림을 손에 넣은 사람은 일본의 제지 회사 다이쇼와 제지의 명예 회장 사이토 료에이. 하지만 일본의 '거품 경제'가 무너지던 시기에 사이토도 몰락했고, 〈가셰 박사의 초상〉도 사이토의 손을 떠났다. 이 그림이 전설에 가까운 대접을 받는 것은 그 뒤로 숨겨진 채 모습을 드러내지 않고 있기 때문이다.

〈가셰 박사의 초상〉은 1890년 6월, 반 고흐가 당시 머물던 오베르에서 의사 가셰를 그린 작품이다. 가셰의

빈센트 반 고흐, 〈가셰 박사의 초상Portrait du Docteur Gachet〉, 1890

5. 죽어 가는

앞에는 강심제(强心劑)의 재료로 쓰였던 디기탈리스가 꽂혀 있고, 가셰 자신은 손을 얼굴에 괸 채 우울한 표정으로 앉아 있다. 배경의 꾸물거리는 터치는 주인공의 불안정한 심리를 암시한다.

반 고흐가 의사 가셰를 그린 그림이 이처럼 주목과 논란의 대상이 된 한편에는 거꾸로 의사 가셰가 빈센트를 그린 그림이 존재한다. 얼굴이 모난 남자가 불편함이 잔뜩 깃든 얼굴로 누워 있다. 눈을 힘주어 감은 건지, 반쯤 뜬 눈을 저렇게 그린 건지 얼른 짐작이 가지 않는다. 이건 빈센트가 죽은 모습이다.

가셰는 빈센트가 마지막으로 의지할 수 있는 사람이었다. 따라서 빈센트의 죽음은 가셰의 실패를 의미하는 사건이었다. 빈센트 반 고흐는 1889년 5월에 생 레미의 정신병원에 입원했다가 이듬해인 1890년 5월에 퇴원했다. 중부 프랑스의 오베르 쉬르 우아즈에 자리 잡았다. 테오가 빈센트를 이곳에 있게 한 건 정신과 의사 가셰가 있었기 때문이다. 가셰는 아마추어 화가이고 여러 예술가들과 친분이 있었다. 예술을 잘 아는 정신과 의사니까 빈센트를 부탁하기에 가장 적합하다 판단했다.

가셰에 대한 빈센트의 판단은 부정적이었다. 테오에게 보낸 편지에 "가셰 박사도 나만큼이나 미친 사람이다. 그래서 그를 너무 의지해서는 안 되겠다"라고 썼다. 그래

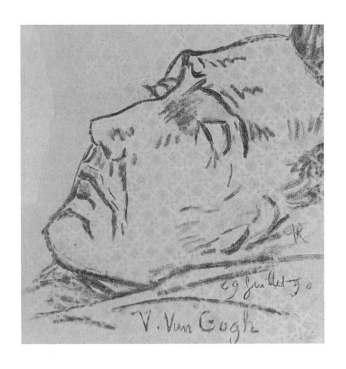

폴 가셰, 〈죽은 빈센트 Vincent van Gogh sur son lit de Mort〉, 1890

도 나중에는 가셰의 집에 자주 방문했으며 그와 잘 지내려 했다. 가셰는 빈센트의 작품을 열광적으로 찬양했지만 여기에는 호들갑스러운 태도와 과장된 표현이 있었다.

가셰와 빈센트 사이가 실제로 어땠는지에 대해서는 여러 추측이 있었고, 어떤 추측은 거의 픽션에 가까웠다. 모리스 피알라 감독이 만든 영화 《반 고흐》는 빈센트가 오베르에 정착한 시점부터 사망한 시점까지를 다루는데, 감독은 빈센트를 가셰의 딸 마르그리트와 연인으로 설정했다. 가셰는 조금 뒤에 빈센트와 마르그리트의 관계를 알게 된다. 평소에 예술을 사랑하고 예술가를 찬양했던 가셰는 내심 대단치 않게 여겼던 장래성 없는 반쯤 미친 화가가 자기 턱밑에서 딸과 이어져 있다는 사실을 알고는 노여움과 당혹스러움에 사로잡힌다. 빈센트와 마르그리트가 연인이었는지는 분명치 않으나 빈센트가 마르그리트에게 호감을 갖고 있었던 것은 사실이다. 빈센트는 피아노를 치는 마르그리트를, 정원 한가운데에 서 있는 그녀의 모습을 그리기도 했다.

일단 가셰는 빈센트의 죽음과 직접적으로 관련된다. 빈센트가 자살했다고 하더라도 그에게는 일말의 책임이 있다. 애초에 정신적으로 불안정한 빈센트에게 의학적으로 도움을 줄 거라고 기대되었던 사람도, 그리고 빈센트가 총상을 입은 모습으로 발견되었을 때 불려 온 의사도 가셰였다. 정신과 전문의지만 의사였으니까 조처를 취할 수 있을 거라 기대되었다. 하지만 가셰는 총상 수술을 할수는 없었다. 이때 가셰와 함께 호출되었던 마제리라는 의사는 산과 의사로 마침 오베르에서 휴가를 보내고 있었다. 불행히도 이쪽도 총상 수술이 자기 분야가 아니었다. 빈센트는 자신을 치료해 달라고 요청했지만 두 의사는 총알을 꺼낼 수도, 다른 지역의 병원으로 옮길 수도 없는 상태였다. 딩시 소도시와 시골에서 살던 이들은 누구나 비슷한 처지였을 테니 딱히 더 불운했다고 할 수는 없지만, 그렇게 빈센트는 방치되어 숨졌다.

테오는 가셰를 원망하지 않았다. 속으로야 무슨 생각을 했는지 모르지만 겉으로는 표현하지 않았다. 형제가 주고받은 편지를 테오의 부인이었던 요한나가 뒷날 편집해서 출간했는데, 이때 요한나는 빈센트가 "가셰 박사도 나만큼이나 미친 사람이다"라고 쓴 부분을 가셰의 아들 폴(아버지와 이름이 같다)에게 보여 주며 그대로 출간해도 좋은지 물었다. 아들 가셰와 요한나는 아버지 가셰의 인품을 칭찬하는 다른 편지들을 싣고 "가셰 박사도 나만큼이나 미친 사람이다"라는 편지는 '각주'로 싣는 방식으로 합의했다. 명예 훼손의 여지를 차단하려는 심산이었겠지만, 이는 빈센트와 테오의 편지가 있는 그대로 세상에 알려진 건 아니라는 점을 새삼 분명하게 보여 준다. 그리고

5.　　　죽어 가는

다른 편지들, 이를테면 빈센트가 마르그리트에 대해 쓴 편지도 감춰진 건지 모른다는 합당한 추측을 낳는다.

어빙 스톤은 『삶의 열망』을 집필하면서 빈센트 반 고흐를 알거나 직접 접촉했던 이들을 인터뷰했다. 의사 가셰도 찾아갔다. 다만 책은 1934년에 출간되었고, 가셰는 1909년에 이미 사망했던 터라 그의 아들과 대신 인터뷰했다. 스톤이 자신의 책에서 빈센트의 오베르 시절을 다룬 대목을 보면 상당 부분 아들 가셰의 진술에 의존했음을 알 수 있다.

스톤의 책에는 마르그리트가 전혀 등장하지 않는다. 애초에 가셰에게 딸이 있었는지조차 알 수 없도록 되어 있다. 별 관계가 아니었대도 아예 존재조차 언급되지 않은 건 의아한 일이다. 아들 가셰는 스톤이 자기 누나에게 주의를 기울이지 않도록 했던 게 아닐까? 요컨대 가셰 집안은 자신들에게 유리하게 진술하고 자신들에 대한 서술에 개입할 기회가 있었다.

가셰가 숨을 거둔 빈센트를 그린 그림 자체만 놓고 보면 담담하고 나름대로 힘과 생생함을 지닌 필치가 빈센트를 배웅하듯, 그가 겪었던 고통의 편린을 조용히 드러낸다. 서로 어긋나고 거의 이해하지도 못한 것 같았지만 마지막 순간에 가셰는 같은 화가로서 빈센트와 공감하는 데 성공했던 것이다.

클림트를 그린   실레

✣

쇠락하는 오스트리아-헝가리 제국의 끄트머리에서 예술
의 마지막 광채를 뿜어냈던 에곤 실레Egon Schiele 는 일찍부
터 죽음에 집착한 것으로 알려져 있다. 도플갱어처럼 자
신을 찾아온 죽음을 그리는가 하면 헤어진 연인과 자신을
'죽음과 소녀'라는 주제에 빗대어 그리기도 했다. 철도원
이었던 실레의 아버지는 매독을 앓았고, 이 때문에 그의
아이들은 유산되거나 태어나서도 얼마 살지 못했다. 실레
는 자신이 아버지의 병을 물려받았을 거라는 공포에 시달
렸다. 게다가 실레의 어머니는 실레를 사랑하지 않았다.
태어나지도 못한 채 죽은 아이를 묘사한 실레의 그림은
스스로가 근본적으로 축복받지 못한 존재이며 병든 존재
라는 인식을 드러낸다.

보수적인 미술 학교에서 길을 찾지 못했던 실레는 구스타프 클림트Gustav Klimt를 스승으로 삼았다. 클림트는 실레의 재능을 격찬했다. 실레는 클림트의 우아하고 장식적인 스타일을 잠깐 모방했지만 곧 그에게서 벗어나 거칠고 원초적인 힘을 드러냈다.

　실레는 자신과 클림트를 한 화면에 담기도 했다. 〈은둔자들〉이다. 진부한 세상에 맞서는 진보의 두 사도. 이들 중에서도 클림트는 '지는 해'이고, 자신이 좀 더 젊고 매력적이라고 자기도취에 빠진 듯하다. 클림트는 결코 미남이라고 할 수는 없었지만 매력적인 인물이었는데, 실레의 그림에서는 실제보다 푸대접받았다.

　나이가 적은 예술가와 나이가 많은 예술가는 죽음을 다루는 태도가 다르다. 거칠게 말하자면 나이가 들수록 죽음을 다루는 모습에는 묘한 모호함, 복합성이 드러난다. 반면 나이가 적은 예술가들은 죽음을 까발리듯 보여 주며 호기롭게 들이민다. 쥐나 벌레 같은 징그러운 걸 잡아 와서 주변 사람들이 겁내는 모습을 보면서 좋아하는 아이들처럼.

　실레의 그림도 그런 면이 있다. 실레가 경쟁심을 느끼면서도 의지했던 클림트는 1918년에 뇌졸중으로 세상을 떠난다. 실레에게는 아버지의 죽음보다 큰 충격이고 상실이었다. 그는 스승의 모습을 그렸다. 거기에는 어떤 당혹

에곤 실레, 〈은둔자들Die Einsiedler〉, 1912

5. 죽어 가는

스러움이 담겨 있다. 이전에는 죽음을 다루면서도 강 건너 불구경하듯 했지만 이제 클림트가 닿을 수 없는 곳으로 가 버리자 더 이상 여유를 부릴 수 없었다.

죽음은 갑작스레 턱밑까지 다가왔다. 가까운 사람, 정말 사랑하는 사람의 죽음을 겪지 않은 자는 죽음을 경험했다고 할 수 없다. 실레가 경험한 죽음은 '공허'였다. 실레의 필치는 반쯤 넋이 빠진 듯 망자의 머리 안팎을 힘없이 꼬물거린다. 눈앞이 캄캄하다.

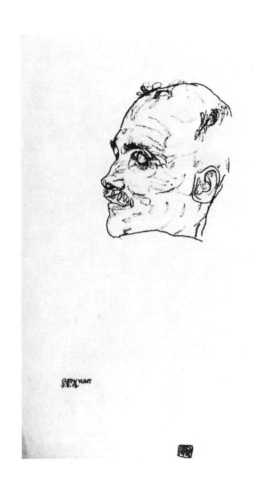

에곤 실레, 〈죽은 클림트Gustav Klimt auf dem Totenbett〉, 1918

익사한 사람의   사진

✥

죽은 이를 앞에 두고 화가는 기록자로서의 소명을 의식한다. 기록으로 따지자면 데스마스크가 효율적이겠으나 데스마스크에는 영웅적인 면모가 없다. (데스마스크는 사진이 없던 시대에 망자의 모습을 남기거나 초상화를 제작할 목적으로 본떴다.) 죽음 자체처럼 가차 없다. 이와 달리 시신을 그린 그림 뒤에는 이야기가 따라붙는다. 바꿔 말하면 시신을 그린 그림은 이야기 없이는 껍데기와 같다.

이폴리트 바야르Hippolyte Bayard의 〈익사한 사람〉은 죽은 이를 담은 최초의 사진이다. 정확히 말하자면 죽은 이를 처음으로 담은 것으로 알려진 사진이다.

바야르는 프랑스 재무성의 서기로 일하면서 일찍부터 사진술을 연구했고, 사진의 초기 역사에서 중요한 기술

이폴리트 바야르, 〈익사한 사람 Le Noyé〉, 1840

5.   죽어 가는

발전을 이끌었다. 일반적으로 루이 다게르의 '다게레오타입'을 최초의 사진으로 규정하지만 그가 은판에 이미지가 정착되도록 하는 방식을 사용한 것과 달리 바야르는 영국의 연구자 탈보트의 방식을 발전시킨 종이 인화 방식을 연구했다. 오늘날 종이 인화를 당연하게 여기게 된 걸 생각하면 바야르가 선견지명이 있었다. 하지만 당시에는 다게르의 은판 사진이 훨씬 선명하게 보였고, 바야르의 방식은 기술적으로 완성되지 못했기에 사진 발명가로서의 공로를 인정받지 못했다.

〈익사한 사람〉은 이에 낙담한 바야르가 찍어 내놓은 사진이다. 사진 뒷면에 바야르는 이렇게 썼다.

> 여기 보이는 시신은 이 사진 기법을 발명한 무슈 바야르입니다. 내가 알기로 이 지칠 줄 모르는 실험자는 3년 동안 몰두한 끝에 자신의 방식을 발견했습니다. 하지만 무슈 다게르에게 너무 관대했던 정부는 무슈 바야르에게는 아무것도 해 줄 수 없다고 했고, 그러자 가련한 무슈 바야르는 물에 몸을 던졌습니다. 오, 인간사의 변덕이여!⋯. 그의 시신은 시체 공시소에 며칠간 전시되었지만 아무도 그를 알아보거나 연고를 주장하지 않았습니다. 여러분, 여러분이 보시는 대로 이

신사의 얼굴과 손은 썩어 가고 있으니, 고약한
냄새를 피하려거든 어서 지나가시기 바랍니다.

사진 뒷면이 함께 전시되지는 않았으니 관객은 '이게 익사한 사람의 모습이로구나'라고 생각하기 십상이다. 그런데 사진을 찍은 사람도, 사진이 찍힌 사람도 모두 바야르다. 이 점을 확인하면 우리는 혼란에 빠지고 만다. 사진 속 인물은 죽지 않았다. 바야르 자신이 익사한 것처럼 꾸미고 포즈를 취했다.

바야르의 사진은 이미지의 진실성에 관한 흥미로운 물음을 제기한다. 죽은 사람을 찍은 사진이라지만 이처럼 연출된 경우도 있고, 거꾸로 실제로 사고나 전투 현장에서 죽은 사람을 찍은 사진은 영화에서 엑스트라들이 죽은 시늉을 하고 누워 있는 모습처럼 비현실적이다.

죽은 클림트의 모습을 그렸던 실레는 얼마 지나지 않아 스페인 독감으로 허망하게 숨을 거두었다. 실레의 죽은 모습을 담은 그림은 없다. 그릴 화가도 없었고, 또 실레가 아주 급작스럽게 죽음을 맞이했기에 그림을 그릴 여유도 없었기 때문이다. 하지만 죽은 실레를 담은 사진은 남아 있다. 사진 속 실레는 마치 잠이 든 것 같다.

죽은 이들과 함께 회화도 잠들었다. 이후로는 사진의 시대가 열린다.

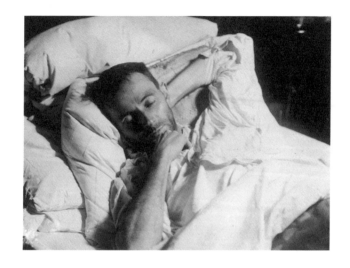

마르타 파인Martha Fein, 〈죽은 에곤 실레Egon Schiele auf seinem Totenbett〉, 1918

6.

애도와 ✣

무정

부고를 받으면 검은 옷으로 갈아입고 상가(喪家)로 향한다. 조문객 모두 같은 차림에다 건네는 말도, 행동도 비슷비슷하여 누가 누구인지 구분이 가지 않을 정도다. 당연하듯 옷을 갖춰 입고 교육이라도 받은 것처럼 순서에 맞춰 행동하지만 어떻게 말하고 행동해야 할지 매번 낯설다.

상가는 슬픔과 울음이 끊이지 않을 거라고 지레짐작한다. 막상 상주가 되어 보면 3일에 걸친 장례 대부분의 시간이 차분하다는 것을 깨닫는다. 차분하다가 정확한 표현일지 모르겠지만, 상주는 결혼식의 신랑신부처럼 행사의 한가운데 있으면서도 아무것도 마음대로 할 수 없다. 장례 지도사의 지시에 따라 기다리고, 행동하고, 또 기다린다. 울음은 정해진 절차에 맞추듯이 터진다. 입관할 때, 상여가 나갈 때, 화장장에서 관이 불 속으로 들어갈 때. 황망한 죽음도 장례 기간과 절차가 주는 무게에 사실을 수긍하고 받아들인다지만 울음은 갑작스레 다시 솟구친다.

한 살 한 살 나이를 먹어 감에 따라 한 명 한 명 주변의 죽음을 보고 듣는다. 나이가 들수록 경험하는 죽음의 수가 늘어나며 조금씩 죽음에 둔감해진다고 한다. 나도 그렇다. 반면에 점점 가까운 이들의 죽음을 겪게 된다. 죽음에 가까워지면서 둔감해지는 것이다. 이러다가 죽음의 당사자가 되면 벼락을 맞은 것처럼 실감하게 될까? 애도는 망자를 향한 것이지만 망자의 모습에 비친 스스로를 향하기도 한다.

서 있는 　예수

숨을 거둔 그리스도를 둘러싸고 슬퍼하는 인물들을 묘사한 회화와 조각은 중세 후반부터 숱하게 제작되었다. 이런 작품들에는 관례적으로 '그리스도를 애도함'이라는 제목이 붙었다. 플랑드르에서 활동했던 화가 로히어르 판데르 베이던Rogier van der Weyden이 그린 〈그리스도를 애도함〉도 그런 그림들 중 하나다. 사람들이 십자가에 달려 숨을 거둔 예수의 시신을 둘러싸고 슬퍼한다. 이 그림은 당혹스러움과도 비슷한 느낌으로 묘하게 마음을 붙잡는다. 아무리 봐도 예수는 서 있다. 서 있는 시신이다.

이탈리아 화가들도 이런 그림을 그렸다. 조반니 벨리니Giovanni Bellini가 그린 〈피에타〉에서는 성모 마리아가 애틋한 표정으로 예수를 끌어안고 사도 요한은 비통함을 이

로히어르 판 데르 베이던, 〈그리스도를 애도함Lamentation du Christ〉, 1450

6.   애도와

기지 못해 끝내 고개를 돌린다. 고통의 흔적은 거의 보이지 않은 채 평온한 예수가 성모와 사도 요한 사이에 서 있다.

주변 사람들은 예수를 부축한다. 부축이란 살아 있는 사람에게만 해당되는 행위다. 죽은 사람을 부축할 수는 없다. 어디까지나 도와주는 행위이기 때문이다. 하지만 사람들은 예수를 일으켜 세우려 한다. 예수 또한 숨이 끊어지지 않았는데 숨이 끊어지는 척하는 듯 보인다. 죽어 늘어진 사람이 아니라 자력으로 움직이려는 모습으로 말이다.

수직의 예수는 신과 인간을 이어 주는 존재다. 십자가에서 고통을 겪기는 했지만 생명이 빠져나가지는 않았다. 그래서 이들 작품에서 예수의 주변 사람들이 드러내는 슬픔은 예수가 겪은 고통에 대한 것이지 예수의 죽음에 대한 것이 아니다.

숨을 거둔 예수 그리스도를 안은 성모 마리아의 모습은 기독교의 영원한 주제다. 십자가에 달린 예수가 그녀를 위로했지만 정작 복음서의 기자들은 마리아의 슬픔에 무심했다. 성경에는 성모가 어떻게 얼마나 슬퍼했는지는 전혀 언급되지 않았다.

중세 후반에 사람들은 예수와 성모에게서 육체의 실감, 모성의 온기와 위안을 갈구했다. 성모가 아기 예수에게 젖을 먹이거나, 아무튼 젖이 나오는 어머니의 모습으

조반니 벨리니, 〈피에타 Pietà〉, 1460년경

6.　　애도와

로 등장했다. 그러다가 마침내 어머니로서 자식을 잃은 성모의 슬픔에 생각이 미쳤다. 어디서 왔는지는 분명하지 않지만 십자가에 달려 죽은 예수를 자신의 무릎에 놓거나 껴안으며 슬퍼하는 성모를 묘사하는 도상이 생겨났다. 이를 '피에타pietà'라고 한다. 중세 말인 14세기부터 독일을 비롯한 북유럽에서 유행했고, 15세기에는 프랑스에서도 조각과 회화에 등장했다.

가장 유명한 피에타는 역시 미켈란젤로가 스물세 살 때 만든 〈바티칸의 피에타〉(70쪽 참고)일 것이다. 교황청 대사로 로마에 와 있던 프랑스인 추기경 장 드 빌레르가 자신의 장례 예배당을 위해 주문했다.

죽은 예수가 성모의 무릎에 누워 있다. 성모는 오른 손으로 예수의 겨드랑이를 받치고 왼손으로는 운명을 받아들이는 몸짓을 취한다. 실제로는 성인 남성을 이처럼 혼자서 안기는 어렵겠지만 미켈란젤로는 성모를 예수에 비해 좀 더 크게 만들었다. 나이에 비해 젊고 아름다운 성모의 표정에서는 걱정이나 고뇌를 찾을 수 없다.

젊은 시절에는 명철한 작품을 만들었던 미켈란젤로 는 중년 이후로는 혼돈과 회의를 드러냈다. 그가 노년에 만든 피에타는 청년 시절의 피에타와 비교했을 때 흥미로 운 차이를 보여 준다. 〈바티칸의 피에타〉에서 그리스도 가 누운 모습이었던 것과 달리 〈반디니의 피에타〉를 비롯한 노년의 작품들에서는 일어서다시피 한 예수를 주변 사람들이 부축하는 모습이다. 노년에 미켈란젤로는 자신의 모든 작품이 헛것이라는 생각에 사로잡혔고, 죄와 구원의 문제에 빠져들었다. 말년의 피에타에서 예수가 일어선 것은 이 때문이다. 예수는 상승해야 한다. 조금이라도 하느님의 목소리를 가까이 들을 수 있는 곳으로 우리를 인도해야만 한다.

6.   애도와

미켈란젤로 부오나로티, 〈반디니의 피에타 Pietà Bandini〉, 1547-1555

폭발하는　비탄

예수는 가시관을 쓰고 온몸에 채찍질당하고 십자가에 달려 고통스럽게 숨을 거두었지만 예수의 전체 활동 속에서 살펴보자면 찰나의 시간이다. 게다가 금방 부활해서 멀쩡한 모습을 주변에 보이고는 하늘로 올랐다. 그런데 왜 예수가 겪은 고통과 죽음을 곱씹고 또 곱씹어야 할까? 인간이 죄 많은 존재이기에 인간의 죄에 대한 대속을 끝없이 되풀이해야 한다는 뜻일까.

예수는 거듭 숨을 거두고 사람들은 거듭 비탄에 빠진다. 비탄은 시간이 지날수록 크고 강렬해진다. 초기 기독교 미술에서는 예수가 겪은 육체적인 고통을 구체적으로 묘사하지 않았다. 예수가 병사들에게 수모를 겪고 가시관을 쓰고 보라색 옷을 입고 조롱당한 것이나, 십자가에 달려 몸을 뒤틀며 고통 끝에 숨이 끊어지는 장면은 상상만으로도 너무도 처참해서 직접 묘사한다는 건 생각도 못할 노릇이었다. 하지만 중세 후반에 오면 미술에서 인물과 사물을 묘사하는 방식이 발전했고, 이것이 곧바로 예수의 죽음을 묘사하는 데 활용되었다. 예수의 죽음을 실감 나게 묘사하기 위해 묘사력이 향상된 것인지, 향상된 묘사력을 예수의 죽음을 묘사하는 데 활용한 건지 구별이 어렵다.

중세 말부터 북부 이탈리아에서는 등장인물들을 목조나 테라코타로 실물 크기로 만들어서 마치 연극의 장면처럼 배열하는 모르토리오mortorio가 인기를 끌었다. 회화와는 달리 눈앞에서 벌어진 사건처럼 실감하도록 했다.

니콜로 델라르카Niccolo dellarca(본명은 니콜로 다 바리)가 여러 인물을 테라코타로 만든 군상은 특히 흥미롭다. 죽어 누운 그리스도를 둘러싸고 사람들이 비통해한다. 명상하는 사람, 두 손을 모으고 비통해하는 사람, 경악하는 사람으로 나뉘는데, 성모 마리아는 한가운데서 두 손을 모으고 서서 그리스도를 내려다본다. 왼쪽 끄트머리에서 무릎을 꿇은 남자는 니고데모다. 그리스도의 말씀을 잘 따랐던 율법학자로, 그는 이 장면을 바라보는 관객들에게 경건하게 기도할 것을 촉구한다. 손으로 턱을 괴고 생각에라도 잠긴 것 같은 이는 사도 요한이다. 남성들은 초연

니콜로 델라르카, 〈그리스도를 애도함Compianto sul Cristo Morto〉, 1463-1490

〈그리스도를 애도함〉 부분(절규하는 마리아 막달레나)

6.   애도와

한 모습이고 여성들은 슬픔을 표현한다.

그중에서도 입을 한껏 벌리고 비탄을 토해 내는 두 여성이야말로 이 작품의 주역이다. 오른손을 활짝 펴서 앞쪽으로 뻗은 이는 클레오파스의 마리아이고, 바람을 가르며 달려오는 이는 마리아 막달레나다. 이들에게만 바람이 세게 분다. 어찌 보면 좀 우스꽝스럽다.

두 사람은 어디선가 급히 달려오는 것 같다. 이제야 죽은 예수를 처음 본 것 같은 태도와 표정이다. 이미 여러 시간에 걸쳐 예수가 죽어 가는 모습을 보았을 테지만 새삼스레 비탄에 사로잡힌다. 굳이 설명을 시도하자면 이렇다. 방금까지 예수는 십자가에 달려 높이 있었다. 이들은 아래에서 위를 올려다보고 있었다. 치욕적으로 달려 있었지만 기이하게도, 위에 있다는 건 주님이나 스승님에게 어울리는 것 같았다. 그런데 이제 예수를 땅에 눕혀 내려다본다. 현실의 처참함이 갑작스레 사무친다. 끝이다. 돌아올 수 없다. 슬픔이 솟구친다.

델라르카의 이 작품은 서로 다른 시간대가 병렬되어 있고, 색깔과 방향이 다른 감정이 한 공간에 모여 있다. 그래서 이질적이고 어수선하고 혼란스럽고 다듬어지지 않았고, 전체적으로 제어되지 않았다는 느낌을 주는데, 그것이 역설적으로 이 작품군의 매력이다. 비탄의 폭발을 보여 준다.

조각가 귀도 마초니Guido Mazzoni가 같은 주제를 연출
한 작품과 함께 보면 흥미롭다. 델라르카의 작품에 비해
마초니 쪽은 사도 요한은 조금 더 슬퍼하고 마리아 막달
레나는 조금 덜 슬퍼한다. 이로써 전체적으로 감정과 태
도의 톤이 통일되어 있고, 구도도 더 정돈되었다. 그런데
덜 매력적이다. 혼돈과 어수선한 리듬이야말로 애도의 실
제 모습에 가깝다. 장례는 모순과 긴장 속에 마련된 형식
인데, 슬픔은 주체힐 수 없고 비탄은 제어할 수 없기 때문
이다.

귀도 마초니, 〈그리스도를 애도함Compianto sul Cristo Morto〉, 1477~1479

오르가스 백작의 　매장과
오르낭의 　매장

✣

죽어 매장되는 사람을 둘러싼 장대한 미술품 가운데 엘 그레코El Greco가 그린 〈오르가스 백작의 매장〉을 빼놓을 수 없다. 오르가스 백작은 중세 스페인의 권세 높은 귀족이었다. 교회를 위해 많은 재산을 남긴 덕분인지 그의 장례식 때 성 세바스티아누스와 성 아우구스티누스가 나타나 친히 그를 매장해 주었다는 전설이 내려온다. 성인이라면 장례 치를 여력도 없는 이들을 도와줘도 좋으련만⋯ 이미 재산이 차고 넘치는 백작의 장례비용을 아껴 주었다니. 성인들도 야박하다 싶지만 그들도 500여 년 전의 가치관을 반영해야 했으니 별 수 없었으리라.

엘 그레코의 그림은 이 장면을 묘사했다. 화면 아래쪽에는 검은 옷에 흰 러플을 갖춘 스페인 남자들이 줄줄

6.　애도와

엘 그레코, 〈오르가스 백작의 매장 El Entierro del Conde de Orgaz〉, 1586

이 늘어서 있다. 이들은 매장의 배경 노릇을 하면서 동시에 매장이 진행되는 지상과 망자의 영혼이 올라가는 천상의 경계 노릇도 한다. 위쪽에서는 예수가 굽어보며 내려오고 성모 마리아와 세례 요한, 베드로를 비롯한 사도들이 동반된다. 거룩한 분들이 총출동했다. 화려한 갑옷을 입은 백작의 시신을 성 세바스티아누스와 성 아우구스티누스가 몸소 안아서 땅 밑에 놓으려고 한다. 백작의 영혼은 주님을 향해 올라간다. 이느새 그는 반투명한 아기의 모습으로 바뀌어 천사의 팔에 안긴다.

오르가스라는 이름과 묘하게 비슷한 이름을 지닌 오르낭이 주인공인 〈오르낭의 매장〉은 좋은 대조를 이룬다. 사실주의 미술을 대표하는 예술가 귀스타브 쿠르베Gustave Courbet가 자신의 악명을 세상에 알린 작품이다. 고향 오르낭에서 1848년 9월에 거행된 친척의 장례식을 담았다.

당시에는 미술이란 응당 고귀한 사람이나 특별한 사건을 묘사하는 것이라는 관념이 뿌리 깊었다. 그런데 예술가는 익명의 존재, 지극히 평범한 주인공을 전면에 내세웠다. 물론 소박한 일상을 묘사한 그림은 존재했으나 커다란 화면(311.5x668cm)에 이처럼 범속한 주인공과 주제를 내세운 그림은 없었다. 굳이 비교하자면 다비드가 나폴레옹의 대관식을 그린 그림과 맞먹는 크기다.

다비드의 작품을 포함하여 영웅적인 행위와 거창한

귀스타브 쿠르베, 〈오르낭의 매장 Un Enterrement à Ornans〉, 1849~1850

매장

사건을 묘사한 대작들에서는 보통 주인공을 중심으로 구성이 이루어지나 〈오르낭의 매장〉에서는 인물들이 중심 없이 나열되어 있다. 평범하고 세속적인 일을 역설적으로 기념비적인 화면에 담았다고 하겠다. 엘 그레코의 그림만 봐도 매장 의식은 수직의 세계에서 거행된다. 하지만 쿠르베의 그림에서는 매장이 수평적인 세계에서 벌어지는 사건이다.

쿠르베는 매장이 이루어지는 실제 상황을 건조하게 묘사했다. 남성들은 울지 않는다. 눈물 흘리는 이들은 대부분 여성이다. 누군가는 슬픔에 잠겨 있지만 대개는 마음이 콩밭에 가 있다. 사제의 곁에 서 있는 두 명의 복사는 이게 언제 끝나나 싶어 무료한 표정이다. 당시까지의 회화에서 애도 장면에 줄곧 등장했던 연극적인 몸짓과 비탄의 표현은 어디에도 보이지 않는다. 대단히 종교적인 주제를 담았지만 종교적인 분위기는 느껴지지 않는다.

쿠르베는 당대 회화의 허식을 죽이려 들었는데, 죽음도 죽게 했다. 그림의 주인공인 망자가 화면에 보이지 않는다. (망자는 한복판에 있는 구덩이 속에 누워 있어 그림 속 인물들이 내려다봐야지만 보인다.) 화가는 시신을 금기라도 되는 양 추방했다.

한 가닥 암시는 남겼다. 〈오르낭의 매장〉은 사실주의 예술의 선언문처럼 여겨지는 작품이지만 죽음을 다루는

6.   애도와

가장 기본적인 단서를 버릴 수는 없었다. 바로 해골이다. 해골은 죽음의 상징이지만 동시에 이 자리가 골고타 언덕, 예수가 십자가에 달려 죽은 곳이자 아담이 묻힌 곳이라는 암시다.

'천사를 본 적 없어 천사를 그릴 수 없다.' 쿠르베 자신이 한 유명한 말대로 그의 그림에는 망자를 맞이하는 천사가 없다. 하지만 여기 또한 인간 모두가 죽어 돌아가는 곳이다.

✤

청색 시대의   죽음

✤

피카소Pablo Picasso가 햇병아리였던 시절에 그린 〈초혼〉을 보면 이런 생각이 든다. 젊은 시절, 그러니까 아직 지루할 만큼 삶이 많이 남은 청춘에 절친한 친구를 잃는다는 건 어떤 일일까? 〈초혼〉은 친구 카사헤마스의 죽음에 부쳐 그린 그림이다. 나였다면, 먼저 떠난 친구를 위해 뭔가를 그리거나 써야 한다면 무엇을 그리거나 쓸 수 있을까?

피카소는 열아홉 살 때 예술가로서의 성공을 꿈꾸며 파리로 나왔다. 바르셀로나에서 사귀었던 친구 카사헤마스도 함께했다. 미숙함마저 아름다운 청춘이었던 시절, 두 친구는 수많은 사람을 사귀었고 창관(娼館)을 드나들었고 세탁부로 일하며 모델 노릇도 했던 제르멘을 만났다. 카사헤마스는 제르멘에 빠져들었지만 제르멘은 그를 거부했다. 이윽고 카사헤마스는 친구들과 모인 자리에서 권총을 꺼내 제르멘을 쏘았다. 다행히 몸을 피해 치명상을 입지 않았다. 그리고 다음 순간 카사헤마스는 자신을 겨누고 방아쇠를 당겼다.

카사헤마스가 제르멘에게 애가 달았을 때 피카소는 제르멘과 가벼운 연애를 했다. 피카소는 죄책감을 느낄 타입이 아니다. 또 카사헤마스와 제르멘이 연인 사이도 아니었고, 당시에는 여러 대상과 동시에 연애하는 일이 특별하지도 않았다. 하지만 친구의 죽음은 피카소를 우울하게 만들기 충분했다. 문제는 카사헤마스를 기리기 위해 그린 그림을 보면 피카소의 한계가 고스란히 드러난다는 점이다. 광포한 에너지를 뿜어내기는 하지만 다른 이들의 감정에는 무심하다. 공감하지 못한다. 그래서 감정을 다루다 보면 종종 진부하고 피상적이다.

피카소는 미술의 역사에서 사실주의를 거치면서 새로이 확립된 관례를 무시하고 오히려 과거로 돌아갔다. 〈초혼〉의 위아래로 긴 구도는 〈오르낭의 매장〉이 아니라 〈오르가스 백작의 매장〉과 이어진다. 화면 속의 세계는 수직이다. 아래는 지상이고 위는 천국이다.

이 그림에는 도저히 긍정적인 평가를 할 수가 없다. 도대체가 카사헤마스라는 유일무이한 영혼의 색깔을 읽을 만한 요소가 보이지 않는다. 수많은 여성을 그린 점으

파블로 피카소, 〈초혼 Evocation〉, 1901

6. 애도와

로 미루어 그가 여자를 좋아했다는 건 알겠다. 하지만 이것이 그림을 그린 피카소의 취향인지, 아니면 피카소와 카사헤마스 두 사람의 취향인지, 그도 아니면 그 나이의 남자라면 응당 이성에 관심이 많다는 말인지 분간할 수 없다.

수의를 덮은 망자의 시신 곁에 검은 옷을 입은 이들이 서 있다. 서로 껴안는 이들도 있다. 대부분 여성이다. 화가는 죽은 예수 곁에서 애도하던 이들의 구도를 그대로 가져왔다. 그렇다면 망자의 머리맡에서 얼굴을 가리고 흐느껴 우는 이는 성모 마리아, 즉 망자의 어머니다. 다른 이들은 예수를 따르던 여러 여성이다. 망자의 영혼은 흰 말을 타고 하늘로 올라간다. 검은 옷을 입고 말의 꽁무니에 서 있는 여성은 망자가 더 오래 살았더라면 결혼했을 가상의 부인 같다. (살았다면) 그들이 낳았을 아이들도 보인다. 여기까지는 그렇겠다 싶다. 그런데 정작 이들과 함께 망자를 배웅하듯 바라보는 여성들은 알몸에 긴 스타킹만 신고 있다. 창녀들이다. 흰 말을 탄 망자를 열렬하게 끌어안은 알몸은 제르멘이다.

'내가 사랑했던 여자들, 내가 사랑했을 여자들'로 요약할 수 있는 그림의 주제 혹은 그림이 그려진 계기, 다시 말해 피카소가 친구를 위해 그린 그림에 담긴 내용은 어쩌면 피카소 자신의 소망이었다. 잘 알려진 대로 피카소는 여자관계가 복잡했고, 성생활도 왕성했다. 기발한 영감과 남다른 활력의 바탕이 이것이었다. 그럼에도 여성을 존중하거나 아끼지 않았다. 장난감을 탐내다가 막상 손에 넣거나 망가지면 흥미를 잃고 외면하는 아이처럼 말이다. 여성만이 아니라 주변 인물들을 자신의 세계를 구축하기 위한 재료로만 여겼다.

〈초혼〉은 피카소의 청색 시대를 대표한다. 그가 20대 초중반의 청색 시대에 남긴 그림 수가 많지 않아 애초에 대표작을 정하는 것도 우습지만 희소한 만큼 비싼 값에 팔린다. 미술 시장에 희소성의 원칙이라는 경제 논리가 작용한 탓이다. 피카소가 한참 뒤에, 청춘을 다 보내고 노년으로 접어들어 그린 〈상처 입은 미노타우로스〉에도 애도하는 여자들이 등장한다.

피카소는 자신을 황소에, 나아가 황소 괴물인 미노타우로스에 투사했다. 미노타우로스가 광포하게 인간을 잡아먹은 것처럼 그 자신도 탐욕스럽게 수많은 여성을 취해왔다. 그랬기에 어떤 식으로든 대가를 치를 거라는 공포가 뇌리에 들러붙어 떠나지 않았다. 이 그림에서 황소 괴물은 화살을 맞음으로써 심판받는다. 그런데도 여자들이 배를 타고 와서 손을 내민다. 괴물은 그들에게 구원을 받아 되살아난다.

피카소는 변하지 않았다. 자신만은 특별한 존재로,

파블로 피카소, 〈상처 입은 미노타우로스Minotaure Blessé〉, 1937

어떤 죄를 지어도 벌을 받지 않고 구원받으리라 스스로를 세뇌했다. 여기서 피카소가 배를 타고 온 여자들에게 구원을 받는 모습은 역시 배를 타고 세상을 떠나는 전설 속의 유명한 인물을 연상시킨다.

＊

나는 아발론으로 간다

＊

"나는 아발론으로 간다." 중세 기사도 문학을 대표하는 주인공 아서왕의 마지막 말이다. 아서왕은 모드레드의 군대와 마지막 전투를 치른 끝에 중상을 입었다. 그러자 곁에 있던 부하에게 명검 엑스칼리버를 건네고는 호수에 던지라고 명한다. 하지만 부하는 명검이 사라지는 게 아까워서 다른 곳에 숨긴다.

> "호수에 검을 던졌더니 무슨 일이 있었나?"
> "물 위에 바람이 일었을 뿐, 아무 일도 없었습니다."
> "자네는 내 명령을 따르지 않았군. 다시 가서
> 버리고 오게나."

이번에는 정말 호수에 검을 던지자 호수의 요정이 물속에서 손을 쑤욱 치켜들어 검을 받아 들고는 물속으로 사라진다. 아서에게 돌아가 본 대로 말하자 그가 비로소 고개를 끄덕인다.

이때 바다 저편에서 세 명의 귀부인이 배를 타고 나타나 아서를 둘러싸더니 배로 옮긴다. 아서는 부하에게 말한다. "나는 아발론으로 간다. 거기서 상처를 치료할 것이다. 영국이 위태로워지면 나는 돌아올 것이다."

아발론은 말하자면 홍길동이 정착했다는 율도국 같은 장소다. 그곳에서 아서왕은 '잠자는 숲속의 미녀'처럼 영원한 잠에 빠져 있는 것일까? 번 존스Edward Burne-Jones가 그린 〈아발론의 아서왕〉은 흔히 떠올릴 만한 모습을 곧이곧대로 보여 준다. 아서왕은 전장에서 실려 온 그대로 갑옷도 벗지 않고 잠들어 있다. 주변에서는 머리를 받쳐 주고, 잠든 환자를 위한 것인 듯 음악을 연주하고 몇몇은 비통해한다.

아서왕은 유명세만큼이나 수많은 드라마의 주인공이었고, 이 과정에서 알게 모르게 일종의 전형성을 띠게 되었다. 번 존스의 그림이 전하는 느낌과 비슷하다. 우리는 토마스 말로리가 쓴 『아서왕의 죽음』을 찬찬히 다시 살펴볼 필요가 있다. 중상을 입은 아서왕을 둘러싼 장면은 결코 목가적이지 않다. 엑스칼리버를 버리고 돌아온 부하

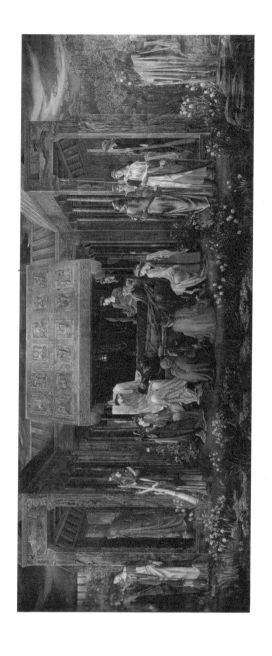

에드워드 번 존스, 〈아발론의 아서왕The Last Sleep of Arthur in Avalon〉, 1881-1898

매장

베디비어 경은 "사방에 적들이 있는데 저를 버리고 떠나십니까?"라며 아서왕을 원망하는데, 아서왕은 제 몸은 제가 건사하라며 나 몰라라 한다. 배를 타고 맞으러 온 귀부인들은 아서왕이 입은 상처를 보고 애달프게 운다. 아서왕의 상태가 가망 없었다는 뜻으로, 배가 베디비어 경의 시야에서 사라진 직후라도 숨이 끊어졌을 가능성이 높다는 걸 암시한다.

번 존스가 아발론에 잠든 아서왕을 그린 건 19세기 후반이다. 전설 속의 아서왕이 실제로 활동했던 시절 이후로 1500여 년이 흐른 시점이다. 아서왕은 그때부터 여직 잠들었을까? 스스로 영국이 위태로워지면 다시 온다고 했으니, 어디서 어떤 모습으로든 세상이 어떻게 굴러가는지 지켜보고 있어야 할 것이다. 올림포스 산의 신들이 인간 세상을 내려다보듯이? 아발론이 세상과 그리 멀지 않은 곳이이아겠나.

모든 인간은 죽는다. 죽은 자가 아니면 애도할 수 없다. 잠시 인간의 몸을 빌려 세상을 살았던 예수 그리스도는 부활하여 승천했다. 반면 아서왕의 부활은 유예되었다. 여전히 유예되고 있다.

6.   애도와

7.

본문

죽은 이는 유령이 되어 나타난다. 지역마다 다르면서도 비슷한 점이 있어 그들의 존재에 신빙성을 부여한다. 유령은 산 자들에게 나타나 늘 뭔가를 말한다. 생전에 미처 전하지 못한 말, 죽음에 얽힌 진실 등. 그런데 유령이 전했다는 말들을 찬찬히 살펴보면 의아한 점을 발견할 수 있다.

우리나라의 전설에서 억울하게 죽은 여성 귀신은 주로 고을 원님에게 나타나 호소한다. 문제는 원님이 귀신의 등장에 너무 놀라 숨이 끊어진다는 데 있다. 이 소식을 미리 다 알고 부임한 새 원님도 첫 밤을 넘기지 못하고 만다. 처음부터 차분하게 나타나서 자초지종을 차근하게 설명하면 될 텐데 꼭 애먼 사람을 잡아야 할까?

하지만 애초에 이승을 벗어난 존재가 이승의 어법에 맞게 자신의 의사를 전달할 이유가 있을까? 유령과 말이 잘 통하지 않는다는 건 죽음과 저승이 인간에게는 불가해한 영역이기 때문이다. 소통이 원활할 리 없다. 그럼에도 유령이 등장하는 이야기들은 유령이 뭔가를 말하려 하고, 그 말이 산 자들에게 전달되고, 마지막으로 유령의 소원이 성취되고 의지가 관철되는 결말에 이른다.

더 생각해 보면 애초에 유령에게 기억과 의지라는 게 있는지조차 확신할 수 없다. 정말 유령은 어디서 오는 걸까? 누구의 말을 전하러 오는 걸까?

❖

바닥을　　딛지 못하는 자

❖

1990년 늦가을에 개봉했던 《사랑과 영혼》(원제는 'Ghost')
은 '죽은 연인과의 사랑'이라는 낭만적인 주제로 관객의
심금을 울렸다. 요즘은 심금을 울린다는 표현을 잘 쓰지
않지만 이보다 적확한 표현을 찾기 어렵다. 인기를 반증
하듯 애틋하고 간지러운 주제가 거리를 메웠고, 남녀
주인공이 함께 물레를 돌리며 그릇을 빚던 장면은 수없이
패러디되었다.

　　사랑하는 몰리를 남겨 두고 사고로 갑작스럽게 죽은
샘의 영혼은 현실을 떠나지 못하고 계속 연인의 주변을
돌아다닌다. 억울한 죽음을 당했기 때문이다. 샘은 자신
을 죽게 한 사람이 몰리까지 노리는 걸 알고 그녀에게 알
려 주려 하지만 방법이 없다. 이미 죽은 몸이라 자신의 모

습을 보여 줄 수도, 목소리를 들려줄 수도, 감촉을 느끼게 할 수도 없다. 낙심하여 근처를 배회하던 그는 우연히 자신과 비슷한 처지의 또 다른 '유령'을 만나 중요한 기술을 배운다. 살아 있는 사람처럼 사물을 만지고 움직일 수 있는 엄청난 기술이다. 비결은 간단했다. 의지를 모으면 된다! 샘은 너무나 간단하여 오히려 터득이 까다로운 이 기술을 익히려고 연습을 거듭한 끝에 마침내 동전을 손으로 밀거나 쥘 수 있게 되었고, 책상을 들어 엎을 수도, 거리의 간판을 소리 나게 때릴 수도 있게 되었다.

다만 이 영화를 볼 때마다 이상한 게 하나 있다. 죽은 샘은 모든 사물을 통과하고, 당연히 문과 벽도 그대로 통과한다. 그런데 왜 발만은 땅을 딛고 있는 걸까? 벽은 통과하지만 천장은 통과하지 못한다. 즉 가로(橫)로는 움직이지만 세로(縱)로는 움직이지 못한다. 바닥에서 벗어날 수 없는 유령이라니!

바닥 이야기가 나와서 말인데 미다스 왕 이야기에도 이상한 점이 있다. 미다스 왕은 손대는 것마다 황금으로 바꾸는 능력으로 유명한 신화 속 인물이다. 그의 손뿐 아니라 몸이 살짝 닿기만 해도 뭐든 황금이 되었다. 그런데 그의 발은 애초부터 땅을 딛고 있었다. 그가 걷는 땅과 궁전 바닥은 어떻게 되는 걸까? 발자국 모양만큼만 황금으로 바뀌었을까? 그것도 말이 안 되는 게, 미다스 왕이 손으로 만진 사물은 손이 닿은 부분만이 아니라 통째로 황금이 되었기 때문이다.

반면에 《사랑과 영혼》의 죽은 샘은 살아 있는 미다스 왕과 달리 바닥을 딛고 있을 필요가 없다. 바닥을 딛으려야 딛을 수도 없다! 테이블을 통과하고 벽을 통과하는 것처럼 바닥도 통과해 버릴 것이다. 벽이 그의 몸을 붙잡지 못한다면 마찬가지로 바닥도 그의 몸을 붙잡지 못해야 한다. 그의 몸은 중력에 구애받지 않으나 그렇다고 (《매트릭스》의 주인공) 네오처럼 하늘 높이 솟구치거나 땅으로 끝도 없이 파고들 수 있는 건 아니다. 혼령의 운신에는 기본적으로 제약이 있다. 이를테면 샘은 제 딴엔 자유로이 돌아다니는 것처럼 보이지만 실은 몰리의 주위에서 벗어나질 못한다. 몰리와 관련된 원통한 일 때문에 그렇다. 원통함을 풀어야 몰리 곁을 떠나 천국 비슷한 곳으로 갈 수 있다.

샘은 갑작스럽게 죽었기 때문에 그의 혼령은 원통한 일이 뭔지 자초지종을 모른다. 그러니까 원통함의 감정을 느끼지도 못하는데도 몰리 주위를 맴돈다. 원통함을 품고 있는 것과 인식하는 것은 별개이고, 설령 원통함을 인식하지 못하더라도 원통함을 품고 있다면 죽은 자는 이곳에 매이게 된다는 설명이다. 여전히 납득은 어렵다.

여기서도 살아 있는 자의 주위에 머무는 혼령은 벽과

물건을 통과하여 다닐 수도 있고 중력에 매이지도 않는다. 샘의 발은 바닥에서 살짝 떠 있거나 아예 흐릿하여 잘 보이지 않아야 한다. 영화 마지막에 샘은 결국 자신을 죽게 한 음모를 파헤치고는 이승을 떠나 천국으로 향한다. 샘은 멀리 천국에서 날아온 빛을 받아 비로소 몰리 앞에 모습을 드러낸다. 이때 샘의 발은 보이지 않는다.

사랑은 장애 앞에 강해진다고 한다. 국경을 초월한 사랑, 나이를 뛰어넘은 사랑은 세간의 관심을 받지만 당사자들에게 국경, 나이, 학벌 등은 장애 요소가 아니라 사랑을 더욱 견고하게 만들어 주는 요소다. 만약 사랑하는 상대가 세상을 떠났다면 꿈에서라도 만날 수 있기를 빌고 또 빈다. 드디어 그 사람과 만난다. 꿈이 아니라 내가 살고 있는 현실이라면? 뜻밖의 상황에서 발이 바닥에 닿지 않은 존재가 눈앞에 나타난다면 마냥 감격할 수는 없을 터다. 동서고금을 막론하고 혼령을 목격한 이야기들에서 그들은 살아 있는 사람처럼 걷거나 뛰지 않는다. 동양에서는 혼령이 발이 안 보이는 모습으로 나타나는 경우가 많다. 발끝부터 발목, 무릎까지가 흐릿하다. 그런 탓에 혼령은 땅을 딛고 걸어 다니는 대신에 아무 곳이나 소리 없이 나타난다.

흐릿한　　존재

✢

유령은 발이 흐릿하다. 이건 발을 어떻게 그려야 하는지
난감하기 때문이기도 하리라. 초기 르네상스를 대표하는
이탈리아 화가 조토 디 본도네Giotto di Bondone가 그린 〈그
리스도를 애도함〉에서는 지상에서 죽은 예수를 둘러싸고
사람들이 슬퍼하는 위쪽에서 어린아이 모습을 한 천사들
이 하늘을 날며 애통해한다. 이 그림에서 천사들은 무릎
아래쪽이 어설프게 묘사되었다.

　한 세기 반 뒤에 필리포 리피Filippo Lippi는 그리스도의
탄생 장면을 그리면서 나름 꼼수를 썼다. 리피의 그림에
서는 천사들이 구름 속에 경건히 자리 잡고 있다. 화가는
천사의 발을 어떻게 묘사해야 하는지에 대한 결정을 이런
식으로 회피했다.

조토 디 본도네, 〈그리스도를 애도함Compianto sul Cristo Morto〉, 1304-1306년경

7·

필리포 리피, 〈그리스도의 탄생Natività〉, 1467-1469

영적인 존재는 물리적인 한계를 초월한다. 발끝까지 모두 그려 놓으면 아무래도 무거워 보인다. 이런 이유로 영화나 애니메이션에서도 유령은 바닥에서 살짝 떠 있는 경우가 많고, 전체적으로 흐릿하고 투명하다. 《꼬마 유령 캐스퍼》의 캐스퍼처럼. 19세기에 사진이 발명된 직후부터 죽은 사람의 영혼이 찍힌 사진, 즉 심령사진이 많이 나왔다. 그때도 절대 다수가 반투명한 형상이다. 그리고 대부분 조작이다.

'영혼을 반투명한 형상으로 묘사했다'는 점에 주목할 필요가 있다. 이와 같은 예는 회화에서도 적잖이 나왔다. 예술가들이 영혼을 반투명하게 묘사한 건 왜일까? 싱거운 답이지만 완전히 투명한 형상은 아예 보이지 않기 때문이다. 사람들은 설령 보이지는 않지만 자신들의 주변에 영혼이 머물고 있다고 믿는다. 존재하지만 보이지 않는다는 논리에 들어맞는 모습은 반투명이다.

오늘날 우리가 흔히 떠올리는 귀신은 흰 옷을 입고 머리를 풀어헤쳤다. 18세기 이래 마루야마 오쿄(円山応挙)를 비롯한 일본 화가들이 가장 먼저 그리기 시작했다고 알려져 있다. 오쿄는 유럽의 회화를 연구하고 인체와 동식물을 엄밀하게 관찰하고 사생한 것으로 유명하지만, 귀신을 그릴 때는 흐릿하게 그렸다. 실체 같지 않은 느낌을 주기 위해서였다. 현실을 핍진하게 묘사하려는 화가에게 주어진 역설적인 과제였다. 이처럼 일본의 전통 회화와 판화에서도 귀신은 곧잘 반투명한 형상으로 묘사되었다.

　문학과 드라마와 영화에서 유령은 흔히 살아생전의 모습 그대로 등장한다. 독자나 시청자는 유령의 옷차림만 봐도 어느 시대 사람인지 알아차릴 수 있다. 하지만 유령이 입고 나타나는 옷도 의문이 생긴다. 유령도 OOTD(Outfit Of The Day)에 맞게 옷을 고를 수 있을까? 논리적으로 따지자면 유령은 벌거벗은 몸이어야 한다. 다만 이렇게 되면 심의 통과가 곤란하니 어쩔 수 없이 뭔가를 걸쳐야 하겠다. 게다가 육체는 부패한다. 망자의 '상태' 그대로 나타난다면 시간이 갈수록 유령은 부패한 모습으로 바뀌고, 나중에는 아예 허울이 없어질 것이다. 그렇게 보면 흐릿한 형상은 망자의 상태를 반영한 나름 논리적인 결론이다.

크리스마스　　캐럴

찰스 디킨스의 단편 『크리스마스 캐럴』은 유령의 역할과 모습에 전형을 부여했다. 구두쇠 스크루지는 크리스마스 이브에 유령들의 방문을 받는다. (정확히 말하면 크리스마스 이브를 시작으로 네 번의 밤을 보내면서 유령들의 방문을 받는다.) 구두쇠 영감이 개과천선하는 교훈적인 이야기는 너무나 유명하지만, 유령이 나타나는 방식이나 그들이 스크루지 앞에서 보이는 모습은 여러모로 흥미롭다. 맨 처음 스크루지의 동업자였던 제이콥 말리의 유령이 나타난다. 스크루지와 마찬가지로 탐욕스러운 구두쇠였던 말리는 사슬과 전표 따위를 몸에 칭칭 감고 있다. 천국으로 들어가지 못하고 이승과 저승 사이를 방황하는 모습이다. 말리는 스크루지에게 개심하라고 권하며, 자기 뒤로 과거와 현재

아서 래컴Arthur Rackham,
〈『크리스마스 캐럴』 권두 삽화, 스크루지 앞에 나타난 말리의 유령〉, 1915

와 미래의 유령이 나타날 거라 예고하고는 곧장 사라진다.

　뒤이어 처음 등장한 유령은 '과거의 유령'이다. 남성인지 여성인지도 분명치 않고 나이도 가늠할 수 없는 모습에 흰 옷을 입고 경쾌하게 날아다닌다. 흔히 떠올리는 천사의 이미지에 가까운데, 촛불처럼 머리 꼭대기에 불을 밝히고 있다. 스크루지가 불행한 어린 시절과 순수한 청년 시절을 지나 돈만 밝히는 인간이 되어 가던 과정을 다시 보여 준다.

　그다음으로 등장한 '현재의 유령'은 유쾌한 거인의 모습이다. 자신의 키를 마음대로 늘렸다 줄였다 할 수 있다. 긴 녹색 옷을 입고 손에는 횃불을 들었다. 그런데 이 유령은 하루 동안만 살도록 되어 있어서 스크루지와 다니는 동안에 벌써 머리칼이 하얗게 세더니 자정이 되자마자 사라져 버린다.

　마지막으로 등장하는 미래의 유령은 섬뜩하고 음산하기 짝이 없는 모습이다. 말은 전혀 하지 않고 그저 손가락질로 스크루지를 인도한다. 이 유령은 스크루지가 여태까지와 같은 모습으로 산다면 맞게 될 비참한 앞날을 보여 준다.

　정리하면 현재가 가장 긍정적이고, 과거와 미래는 제각각 다른 이유로 부정적이다. 과거보다는 미래가 더욱 부정적이다. 흔히 유령은 뭔가 이야기할 게 있어 나타난다는 통념을 벗어나는 미래의 유령도 흥미롭다. 가장 무서운 유령은 아무 말도 하지 않는 유령이다. 미래는 우리에게 어떤 대답도 하지 않는다. 그게 너무도 두려워서 미래의 목소리인 양 뭔가를 자꾸 만들어 내어 떠들 뿐이다.

✤

불려 나온   유령들

✤

브루투스는 카이사르를 암살한 일로 역사에 영원히 각인된 이름이다. 칼을 맞은 카이사르가 '브루투스, 너마저도…'라고 못을 박았기 때문이다. 카이사르가 죽은 다음 카이사르의 부하 안토니우스와 카이사르의 양아들 옥타비아누스가 힘을 합쳐 브루투스와 맞선다. 이들 버거운 상대와의 전투를 앞둔 브루투스에게 어느 날 밤, 거대한 형체가 나타난다.

"누구냐?"

"나는 너의 유령이다. 필립포이에서 너의 목숨을 거두겠다."

"좋다."

필립포이는 브루투스가 안토니우스-옥타비아누스

군대와 싸우기로 예정된 곳이었다. 플루타르코스의 『영웅전』에서 이 대목은 유독 기억에 남는다. 유령이 내뱉은 무시무시한 말에 정작 서술자는 가타부타 설명을 달지 않았기 때문이다. 목숨을 거두겠다며 기다리는 존재가 있는 것 치고는 전투는 팽팽했고, 브루투스에게 유리하게 흘러가는 국면도 있었다. 결국 브루투스는 아슬아슬하게 패하여 자살한다. 유령은 산 자에게 나타나 말을 건넸지만 산 자(브루투스)가 마지막 순간에 유령을 떠올렸다는 언급은 없다.

유령이 반드시 나쁜 소식을 전하는 것만은 아니다. 중세 유럽 문학을 대표하는 보카치오의 『데카메론』에 친구 사이인 틴고초와 메우초라는 두 사내의 이야기가 나온다(일곱째 날, 열 번째 이야기). 틴고초는 자유분방한 남자였고 메우초는 어느 과부를 마음에 두고 있었지만 음락(淫樂)에 대한 벌을 받을까 두려워 움직이지도 못하고 있었다. 그러던 중 틴고초가 기운이 쇠해서 죽었다.

이들은 둘 중 먼저 죽은 이가 살아 있는 이에게 나타나서 저승의 형벌이 어떻게 되는지 알려 주기로 약속해 두었다. 아니나 다를까 틴고초가 메우초의 꿈에 나타난다. 얼굴이 무척 안 되어 보인다. 저승에서 벌을 받았느냐고 묻자 틴고초는 이루 말할 수 없는 고통을 겪었다며 '자네는 죄 짓지 말게'라고 전한다. 메우초는 내친 김에, 전부터 너무나도 궁금했던 질문을 한다.

"간음죄에는 무슨 벌을 받았나?"

"간음죄?"

틴고초는 어처구니없다는 듯 한참을 껄껄댔다.

"간음은 죄도 아니었네."

"그게… 정말인가?"

"그렇다니까? 간음은 죄가 아닐세."

꿈에서 깬 메우초는 기쁨을 주체 못하고는 '죄가 아니란다, 죄가 아니란다'라고 외치며 과부의 집으로 달려간다.

뜻밖의 진실을 알려 주는 유령도 있다. 프랑스의 어느 소설가가 쓴 단편에는 먼저 죽은 애인을 그리워하며 무덤 앞에서 울다 정신을 잃은 남자의 이야기가 실려 있다. 정신이 든 남자는 무시무시한 광경을 목격한다. 해가 지고 어두워진 공동묘지에서 망자들이 저마다 무덤에서 밖으로 나오는 것이었다. 이들은 묘비에 새겨진 글귀를 지우고는 자신들이 죽은 진짜 이유를 새겼다. 남자의 애인도 무덤에서 나와 자신의 묘비를 바라보았다. 거기에는 '비가 많이 내리던 날 비를 맞아 열이 올라 숨을 거두었다'라고 새겨져 있었다. 그녀는 그걸 지우고는 비 오던 날 자신이 했던 일을 적었다. 남자는 경악했다.

세 이야기 속의 유령은 분명 흥미롭지만 따져 보면 산

자들에게 새로운 무엇을 제시하지는 않는다. 산 자들의 강박, 욕망, 불안을 투사한 존재다. 『데카메론』에서 메우초의 꿈에 나타난 틴고초가 저승에 있을 틴고초일까? 자신의 죄의식에서 벗어나고픈 메우초가 만들어 낸 모습은 아닐까? 프랑스 단편 소설에서 죽은 연인이 새로 새긴 묘비명 또한 평소 주인공이 품었던 의심을 비몽사몽간에 꺼내 본 것일 뿐, 연인이 죽은 날의 진실과는 상관없다.

　죽은 자가 자꾸 세상에 나오는 건 산 자들이 그들을 불러내기 때문이다. 응답한 유령들은 곧잘 산 자가 듣고 싶었던 말, 산 자를 사로잡고 있던 이야기를 해 준다.

❖

그들은 보고 있을까

❖

죽은 연인을 꿈에서든 깨어서든 다시 보게 된다면 다시 예전의 애틋한 감정에 사로잡힐까 싶다. 실제로는 혼자 있는 밤에 덜그럭 소리만 나도 두렵다. 죽은 부모를 꿈에서 보기라도 한다면 근심스럽다. 대체 누구를 데려가시려고….

《사랑과 영혼》에서 경찰서를 찾아간 몰리가 자기 곁을 맴도는 유령이 있다고 이야기하자 경관들은 냉소를 짓는다. 한 여자 경관은 이런 말을 한다. "그럼 죽은 사람들이 내가 옷 갈아입는 모습도 본단 말이에요?"

죽은 자들은 산 자를 볼까? 『크리스마스 캐럴』에서 말리의 유령은 자신이 죽은 뒤부터 스크루지 곁에서 줄곧 쳐다보고 있었다고 했다. 아니, 그렇게 오랫동안 보고 있었다면 좀 더 일찍 나타나서 스크루지가 개심하도록 할 수도 있었잖은가! 왜 하필 그 해 크리스마스까지 기다려야 했을까? 『크리스마스 캐럴』에 등장하는 말리의 유령과 나머지 세 유령은 크리스마스를 맞은 스크루지가 감상적인 마음에 젖어 들면서 생겨난 길고 복잡한 꿈일 뿐이다.

결국, 유령이 산 자를 보고 있다는 말은 오히려 유령의 존재에 대한 신뢰를 떨어뜨린다. 유령은 우리 곁에 머물 수도 있다. 하지만 눈멀고 귀먹었을 것이다. 보더라도 판단할 수 없고 듣더라도 말할 수 없다. 죽은 자는 말이 없다. 우리가 죽은 이의 입을 빌어 스스로에게 말할 뿐이다.

내게 나타난   유령

유령을 논할 때 빼놓을 수 없는 작품이 있다. 모두가 제
목을 아는 고전이지만 내용과 결말에서 서로 화해하기 어
려운 모순을 품은 『햄릿』이다. 셰익스피어가 쓴 작품들
은 인간의 모순적이고 혼란스러운 인식을 그대로 옮겨서
무엇 하나 단언할 수 없도록 만든다. 프랑스의 문학 연구
자 피에르 바야르는 『햄릿을 수사한다』에서 『햄릿』의 텍
스트라는 골짜기에 숨은 커다란 모순과 균열을 파고들어
뜻밖의 결론을 새로이 도출한다. 바야르가 펼쳤던 논리를
여기서 들여다볼 필요는 없겠지만 그의 작업을 바탕으로
『햄릿』에 등장한 유령(들)에 대해 다시 생각해 볼 수는 있
겠다.

덴마크 왕자 햄릿은 아버지가 갑자기 죽고 삼촌 클로

디어스가 왕위를 차지하는 것도 모자라 그의 형수이자 햄릿의 어머니인 거트루드와 결혼하는 꼴을 지켜봐야 했다. 아버지의 죽음에 의혹을 갖던 햄릿은 마침 아버지의 유령을 만났고, 유령은 클로디어스가 자신을 죽였다고 했다. 유령의 말을 듣고 진상을 알게 된 햄릿은 우여곡절 끝에 클로디어스를 검으로 찔러 죽이고 자신도 숨을 거둔다. (『햄릿』에 등장하는 남자들은 모두 죽고, 여자들은 모두 미쳐 버린다.)

『햄릿』에서 유령은 중요한 구실을 한다. 제1막 4장과 5장에 등장한 유령은 주인공 햄릿에게 아버지의 죽음에 담긴 비밀을 알려 주어서 햄릿으로 하여금 복수를 계획하게 만든다. 많은 이들이 이 대목에서 햄릿과 유령이 이야기 나누는 장면을 당연하다는 듯이 떠올린다. 다시 읽어 보면 유령의 모습이나 유령이 한 말은 모호하고 혼란스럽다.

> 나는 네 아비의 혼령이다.
> 얼마 동안은 밤에 나다니고
> 낮에는 살아생전에 지은 내 죄들이
> 불에 타서 깨끗해질 때까지 갇혀
> 불속에서 단식해야 할 운명이다. 금지되어 있기에
> 감방의 비밀들을 말할 수 없다만,

이야기를 털어놓는다면 그중 아무리 가벼운

한마디라도

네 영혼을 어지럽히고, 네 젊은 피를 얼어붙게 하고

네 두 눈알을 유성처럼 궤도에서 튀어나오게 하고

네 뭉쳐 엉클어진 머릿발을 흐트러뜨려

머리칼 하나하나가 성난 고슴도치의

가시들처럼 곤두서게 만들 것이다.

그러나 이 영원 세계의 실상을 산 자의 귀에 묘사해 줄 수

없도록 되어 있느니라. 듣거라, 듣거라, 오 듣거라!

네가 네 아비를 사랑했거든.[†]

햄릿이 유령과 대면하는 장면을 묘사한 그림들은 예를 들어 푸젤리Henry Fuseli의 그림처럼 햄릿이 친구 호레이쇼와 함께 유령을 대면하는 듯이 묘사하곤 했다. 이런 묘사가 오해를 불러일으킨다. 햄릿은 유령이 나온다는 시간과 장소에 호레이쇼와 함께 가기는 하지만 유령과는 혼자서 대면한다. 호레이쇼는 멀찍이서 지켜보았기에 햄릿이 유령에게서 무슨 말을 들었는지, 서로 무슨 말을 주고받았는지는 알 수 없다.

그래서 이 장면에 나온 유령에 대해 의견이 엇갈린다.

[†] 『햄릿』, 윌리엄 셰익스피어 지음, 이경식 옮김, 문학동네, 2016, 46-47쪽

헨리 푸젤리, 〈햄릿, 호레이쇼, 마셀러스와 유령Hamlet, Horatio, Marcellus and the Ghost〉,
헨리 푸젤리의 그림을 바탕으로 로버트 튜Robert Thew가 만든 판화, 1796

첫째, 애초에 유령이 아니었다(허깨비였다).

둘째, 아버지의 유령은 맞지만 햄릿에게는 뭔가를 구체적으로 알려 주지 않았다.

셋째, 아버지의 유령이 맞고 햄릿에게 뭔가를 말한 것도 맞지만 햄릿이 유령의 말을 뭔가 다른 이유로 들은 그대로 옮기지 않았다.

요컨대 이런 의견은 햄릿의 말을 진실이라고 받아들이지 않았기에 나온 것들이다. 왜냐하면 햄릿은 내내 횡설수설하며 난폭한 언행을 거듭하기 때문이다. 특히 유령과 관련해서 햄릿의 말은 신뢰하기 어렵다. 햄릿은 제3막 4장에서 또 한 차례 아버지의 유령을 본다. 이때는 어머니 거트루드와 함께 있었는데, 거트루드는 아무것도 보이지 않는다고 했다. 거트루드가 거짓말한 것 같지는 않다. 남편의 유령을 보았다면 두려움과 놀라움을 주체하기 어려울 터인즉 보이지 않는 것처럼 꾸미기는 어려웠으리라.

어머니와 함께 있는 자리에서 유령을 보았다고 난리를 피운 점 때문에 햄릿이 앞서 보았다는 아버지의 유령에도 의심이 생긴다. 유령은 사건의 배후를 밝히는 절대적인 진실의 목소리라고 여겨졌지만, 따져 보면 유령을 신뢰할 근거는 무너져 내린다.

나아가 제3막 4장에서 유령을 보았다는 햄릿의 진술

은 까다롭고도 근본적인 질문을 던진다. 유령을 본다거나 느낀다는 건 무얼 의미하는가? 여러 사람이 함께 있을 때 그중 한 사람, 혹은 일부에게만 유령이 보인다면 유령은 그 자리에 있는 것일까, 없는 것일까?

유령의 자리에 죽음을 넣어 볼 수 있다. 여럿이 함께 있어도 죽음은 혼자만 느낀다. 친구든 연인이든 나중에 함께할 거라는 말은 죽음을 앞에 둔 사람에게는 위안이 될 수 없다. 죽음이 두려운 건 그 앞에서 절대적으로 혼자이기 때문이다. 유령은 죽음이다. 흐릿한 존재, 다른 세계로 떠났으면서도 이 세계에 발을 걸쳐 놓은 존재, 자신의 진짜 모습이 아니라 살아 있는 사람들이 만든 모습으로만 존재하는 존재다.

8.

돌아온

❖

망자

❖

산 사람들은 죽은 사람을 기리고, 그리워하고, 회고하고,
슬퍼한다. 여기에는 대전제가 있다. '죽은 이는 절대 이 세
계로 돌아오지 않는다.' 이걸 바탕 삼아 산 사람은 마음껏
죽은 이를 그리워하고 슬퍼하면서 연민인지 자기연민인지
회고인지 회한인지 모를 감정에 흠뻑 빠져 지낼 수 있다.
혹시라도 죽은 이가 돌아온다면?
죽은 이가 돌아온다면 어떤 모습일까? 아름답고 건강했
을 때의 모습 그대로일까? 아니면 죽기 직전의 쇠약해진
모습, 혹은 부서진 그대로, 심지어 흙속에서 썩다 만 모습
으로 돌아올 수도 있다. 죽은 이를 그리워한다지만 그런
모습을 바라는 게 아니다. 하지만 죽은 이가 돌아온다면
산 자들이 기대하던 모습이 아닐 가능성이 높을 듯하다.
그래서 죽은 이는 무섭다. 그들의 모습을 짐작할 수 없기
때문만은 아니다. 죽은 이들 중 극히 일부라도 살아 돌아

올 수 있었다면 당연하게도 세상의 모습은 크게 달라졌을 것이다. 달라졌으리라는 말로는 부족하다. 뒤틀리다 못해 무너졌을 것이다.

죽은 이는 돌아올 수 없다. 아니, 돌아와서는 안 된다. 산 자는 살아야 하고 죽은 이는 '죽어 있어야' 한다. 그런 의미에서 산 자는 죽은 이에게 한없이 잔인하다.

죽은 이가　　돌아온다면

✦

윌리엄 위마크 제이콥스의 단편 『원숭이의 손』은 죽은 이의 귀환에 관해 이야기한다. 주인공 가족은 세 가지 소원을 들어준다는 '원숭이 손'을 손에 넣는다. (미라처럼 마르고 비틀어진 작은 손이라 도저히 소원을 이루어 줄 것처럼 느껴지지 않는다.)

그들은 첫 번째 소원으로 200파운드를 달라고 빈다. 마지막 집값을 내기 위해서다. 그랬더니 공장에서 일하는 아들이 다음 날 기계에 말려들어 가 죽는 끔찍한 일이 벌어진다. 가족은 보상금으로 정확히 200파운드를 받는다. 장례식이 끝난 뒤, 어머니는 원숭이 손을 떠올리고는 아버지에게 두 번째 소원을 빌자고 한다. 아들을 돌려보내 달라는 것이다. 아버지는 아들이 이미 썩어 가고 있을 거라며 반대했지만 결국 아내의 요청에 승복하고 만다. 그리고 한참 지나 현관문을 두드리는 소리가 난다. 아들이 돌아왔다! 어머니는 부리나케 달려 나가고, 아버지는 필사적으로 원숭이 손을 찾는다. "저 애를 집 안에 들여선 안 돼!" 아버지는 원숭이 손을 들고 서둘러 세 번째 소원을 빈다.

죽은 아내를 되찾고자 저승으로 향한 오르페우스 이야기는 널리 알려져 있다. 비슷한 이야기가 일본의 『고사기(古事記)』에도 실려 있다. 여신 이자나미가 죽자 남신 이자나기가 땅 밑 세상으로 찾으러 간다. 그곳의 신들은 이자나미를 내주며 이자나기에게 땅 위에 닿을 때까지 이자나미를 보지 말라는 조건을 내건다. 오르페우스와 마찬가지로 이자나기도 호기심을 참지 못하고는 땅 위로 올라서기 직전에 횃불로 이자나미를 비춘다. 이자나미는 살이 썩어 가고 구더기로 뒤덮인 모습이었다. 이자나기는 도망쳤다. 그러자 이자나미는 격분하여 뒤쫓아 왔다. 이자나기는 정신없이 내달려서는 큰 바위로 저승 입구를 막아 버렸다. 이로써 이승과 저승의 경계가 나뉘고 삶과 죽음이 생겼다.

조금씩 다른 부분도 있지만 이런 이야기들은 죽은 이가 세상으로 돌아오는 걸 저지하며 끝난다. 죽은 이는 절대로 세상으로 돌아와서는 안 된다. 단테의 『신곡』을 비

롯하여 몇몇 이야기에서 산 자가 저승으로 들어가 돌아다
니는 건 저승의 질서를 해치지 않지만, 죽은 이가 이승으
로 오는 건 허용되지 않는다.

되살아난   라자로

✣

성경에는 죽었다가 살아 돌아온 이에 관련된 유명한 이야
기가 실려 있다. 『요한복음』에 나오는 예수가 라자로를
살려 낸 이야기다. 라자로는 예루살렘 교외의 베타니아에
살았는데, 그에게는 마르타와 마리아라는 여동생들이 있
었다. 예수는 이들의 집을 방문하곤 했다. 라자로가 중병
에 걸리자 마르타와 마리아 자매는 예수에게 사람을 보내
이 소식을 알렸다. 무슨 이유에서인지 예수는 조금도 서
두르지 않고 '그 병은 죽을병이 아니며, 그 병으로 말미암
아 하느님의 아들이 영광스럽게 될 것'이라고 답했다. 그
러고는 이틀을 더 머물렀다가 베타니아를 향해 길을 떠나
면서 사도들에게 '우리 친구 라자로가 잠들었으니 내가
가서 깨우겠다'라고 했다. 소갈머리가 없는 건지 어깃장

을 놓고 싶었던 건지 사도들은 '주님, 잠들었다면 곧 일어나겠지요'라 답했다. 예수는 라자로가 죽었다고 고쳐 말하고는, 이제 예수 자신의 신통력을 사도들이 확인하게 될 테니 기쁘다고 덧붙였다.

예수 일행이 베타니아에 도착한 건 라자로가 죽은 뒤 나흘이 지났을 때였다. 라자로의 집에는 많은 사람이 찾아와서 자매를 위로하고 있었다. 예수는 집으로 곧장 들어가지 않았다. 예수가 도착했다는 소식에 마리아는 집에 그대로 머물렀고, 마르타가 맞으러 나갔다. 마르타는 '주님께서 여기 계셨더라면 제 오빠가 죽지 않았을 것'이라며 사뭇 힐난조로 말했다. 그다음 '하지만 하느님께서는 주님께서 청하시는 것은 무엇이나 들어주신다는 걸 지금도 알고 있습니다'라고 덧붙였다.

여기까지 들으면 마르타가 예수에게 오빠를 살려 달라고 청하는 듯하다. 하지만 막상 예수가 '네 오빠는 다시 살아날 것이다'라고 하자 마르타는 이렇게 답한다. '마지막 날 부활 때 오빠도 다시 살아날 것이라고 알고 있습니다.'

사도들도 마르타도, 이렇게 답답한 인간들이 있나 싶은 소리들을 한다. 마르타는 집으로 들어가 동생 마리아를 부른다. '스승님께서 오셨는데 너를 부르신다'면서. 복음서의 이 대목에는 예수가 마리아를 따로 불렀다는 언급은 없다. 마르타가 눈치껏 움직인 것이다. 마르타에 비해 순진하고 직설적인 마리아는 예수를 보자 발 앞에 엎드리고는 울면서 '주님께서 여기 계셨더라면 제 오빠가 죽지 않았을 것입니다'라고 했다. 언니와 똑같은 말을 했는데 울림이 다르다. 마리아가 우는 모습을 보고 예수도 눈물을 흘렸다.

이 대목에서 예수가 눈물을 흘린 데 대해 온갖 거창한 해석이 나왔다. 자신을 믿지 못하는 사람들의 불신을 통분하여 흘린 눈물이라고도 했다. 그런데 예수는 이미 라자로를 살릴 작정이었고, 그러면 마르타와 마리아 자매가 슬픔을 거두게 될 걸 너무도 잘 알면서도 눈물을 흘렸다. 마리아의 슬픔에 전염된 것이다. 일개 여인의 슬픔에 전염되었다는 건 예수가 불완전한 존재라는 말이 될까? 신은 권능을 지니고 계획을 갖고 있음에도 인간의 슬픔을 자신의 것으로 여길 수 있다. 예수는 여기서 연민을 지닌 신으로서의 면모를 드러냈다. 신이 연민을 지닌다고 전제해야 기독교 미술에서 관례적으로 묘사하는 장면처럼 성모 마리아든 세례 요한이든 인간을 위해 예수에게 호소할 근거가 생긴다. 하지만 연민은 예수를 불완전한 존재로 만든다. 인간적인 존재는 불완전하기 때문이다. 이렇게 돌고 돈다.

예수가 무덤에서 다시 불러냈을 때 라자로의 시신은

렘브란트 반 레인, 〈라자로를 살리시는 예수Opwekking van Lazarus〉, 1630-1632

이미 썩고 있었다. 썩어 내려앉은 살이 다시 메워졌을지 궁금하지만 복음서에 특별한 언급이 없으니 그리 믿을 수밖에. 되살아난 라자로의 모습에서 이상하거나 불완전한 구석이 있었더라면 주변 사람들이 언급했을 것이고, 복음서 기자는 그걸 기록했을 것이다. 라자로가 외양은 괜찮았다 치더라도 정신적으로 온전했을지는 의심스럽다. 혼수상태에 가까운 모습은 아니었을까, 혹은 반쯤 넋이 나간 모습은? 라자로가 살아 놀아온 걸 축하하는 잔치가 열리는데, 여기 참석한 라자로가 어떤 모습이었고 어떤 말을 했는지 복음서는 전혀 가르쳐 주지 않는다.

라자로가 이 뒤로 어떻게 되었는지에 관한 기록은 없다. 복음서에서는 유대의 수석 사제들이 라자로를 죽일 궁리를 했다는 대목이 있다. 궁리를 실행으로 옮겼는지는 기록되지 않았다. 그런데 이들은 대체 무슨 배짱으로 라자로를 다시 죽일 생각을 했을까? 라자로를 살려 냄으로써 예수는 자신이 삶과 죽음을 관장한다는 걸 보이지 않았던가? 이 대목에서 유대의 수석 사제들은 라자로가 살아 돌아온 과정을 모두 지켜보거나 상세하게 전해 듣고도 믿지 않았다고 짐작할 수 있다.

되살아난 라자로는 누군가에게 죽음을 당했는지 어땠는지는 알 수 없지만 아무튼 보통 사람들처럼 살다 죽었을 거라고 짐작할 수 있다. 아주 오래 살았다면 주목의 대상이 되어 기록이 남았을 것이고, 동방삭(東方朔)이나 생 제르맹 백작처럼 전설의 반열에 올랐을 것이기 때문이다. 라자로의 부활은 곤란한 질문을 던진다. 되살아나기는 했는데 결국 죽었다면 예수가 그를 살려 낸 의의를 어디서 찾을 수 있을까? 심판의 날에 모두가 부활한다는 예시라고나 해야 할까? 라자로는 두 번 살고 두 번 죽었다. 두 번은 중요하다. 예수의 부활을 통해 인류는 두 번 심판받기 때문이다. 두 번 심판받는다는 건 바꿔 말해 인류는 죽기 전에 최후의 심판을 맞지 않는 이상, 두 번 죽는다는 걸 의미한다. 이게 과연 인간에게 내리는 축복일까?

임사 체험을 한 사람들은 대부분 찬란한 빛을 보았다고 말한다. 당사자들은 이 빛이 저마다 믿는 신이 눈앞에 나타난 것이라고 여긴다. 회화에서 빛은 신(神)과 저승, 천국을 묘사하는 가장 효과적인 장치이기도 하다. 죽었다가 깨어나기 전에 라자로는 무엇을 보았을까? 라자로 앞에는 죽은 이를 맞이하는 빛이 있었을 것이다. 라자로는 빛을 보면서 자신을 되돌려 세우는 예수의 목소리를 들었던 것이다. 그런데 라자로가 관에서 깨어나는 장면을 그리면서 화가들은 강렬한 빛이 라자로에게 떨어지는 것처럼 묘사하곤 했다. 그렇다면 빛은 어디에 있었을까? 라자로의 앞이었을까? 등 뒤였을까?

라자로는 살아 돌아올 수 있었지만 그걸 본인이 원했

카라바조, 〈라자로를 살리시는 예수Resurrezione di Lazzaro〉, 1609년경

8.   돌아온

느지는 알 수 없다. 저쪽 세상으로 떠나는 것도 기쁘지는 않지만 되돌아오는 것도 썩 달갑지 않은 노릇이다. 저쪽 세상과 이쪽 세상을 건너다니면서 죽음의 공포와 고통을 곱으로 겪어야 했을 것이다. 살아 돌아온 라자로가 기뻐했다는 언급은 전혀 없다. 어쩌면 라자로는 예수에게 덜미를 잡혀 이 세상으로 돌아온 것일 수도 있다. 카라바조의 그림에서처럼 일으켜 세워지는 게 적절한 묘사일 수도 있다.

라자로의 여동생 마르타는 예수가 '네 오빠는 다시 살아날 것이다'라고 하자 이렇게 대답했다. '마지막 날 부활 때 오빠도 다시 살아날 것이라고 알고 있습니다.' 다시 보면 마르타의 대답이 예사롭지 않다. 마르타는 말귀를 못 알아듣지도 않았고 눈치가 없지도 않았다. 예수가 자기 오빠를 살리겠다고 한 말을 알아들었으되, 짐짓 못 알아들은 척한 것이다.

예수가 마르타에게 말했다. '네 오빠는 다시 살아날 것이다.' 그러자 마르타가 완곡하게 대답한다. '주님, 제발 그리 하지 마소서.'

나를　만지지 마라

"Noli Me Tangere(놀리 메 탄게레)!"

　나를 만지지 마라! 물론 예수가 라틴어로 말했을 리
는 없다. (예수는 생전에 아람어를 사용한 것으로 추정된다.) 그
럼에도 이 장면을 담은 주제는 흔히 라틴어로 표기된다.
티치아노가 그린 그림에서는 복장이 다소 헐거운 예수에
게 마리아 막달레나가 매달리고 있다. 저러다 얼마 남지
않은 예수의 천조차 벗겨져 버릴 것 같아 위태로운 느낌
마저 준다.

　마리아 막달레나(막달라의 마리아)는 기독교 미술에서
성모 마리아 다음으로 자주 등장하는 여성이다. 이름 그
대로 갈릴래아 지방의 막달라 마을에서 온 사람으로 짐작
된다. 막달레나가 부활한 예수를 만나는 장면은 『요한복

티치아노, 〈나를 만지지 마라Noli Me Tangere〉, 1514년경

음』에 이렇게 기록되어 있다. 예수가 십자가에 달려 숨을 거둔 지 사흘째 되던 이른 새벽, 마리아 막달레나는 예수가 안장되어 있던 무덤으로 찾아갔다. 입구를 막고 있던 돌이 옮겨져 있고 무덤은 비어 있었다. 마리아는 사도 베드로와 요한에게 알렸다. 베드로와 요한은 무덤으로 찾아와서는 비어 있는 걸 보고 자리를 떴고, 마리아는 무덤 앞에 혼자 남아 눈물을 흘렸다.

그때 누군가 마리아에게 다가와서는 왜 울고 있느냐고 물었다. 마리아가 돌아보니 정원지기처럼 보이는 사람이었다. 마리아는 그에게 혹시 예수의 시신을 옮기지 않았는지, 옮겼다면 어디로 옮겼는지 알려 달라고 했다. 그때 그가 따뜻한 목소리로 마리아를 불렀다. "마리아야!" 평소에 예수가 마리아를 부를 때의 목소리 그대로였다. 마리아는 깜짝 놀라 다시 쳐다봤다. 부활한 예수가 서 있었다. 마리아는 엉겁결에 '선생님!'이라고 외치며 예수를 붙잡으려 했다. ('라뿌이'라고 했으니 '선생님(랍비)'이라기보다는 '쌤!'이라고 옮기는 게 더 가깝겠다.) 그러자 예수는 '내 몸에 손대지 마라'라고 했다.

"내가 아직 아버지께 올라가지 않았으니
나를 더 이상 붙들지 마라. 내 형제들에게 가서,
'나는 내 아버지시며 너희의 아버지이신 분,

내 하느님이시며 너희의 하느님이신 분께

올라간다.' 하고 전하여라."[†]

예수는 이렇게 말하고 사라졌다.

티치아노의 그림은 이런 극적인 장면을 담았다. 그림에서 예수가 곡괭이를 들고 있는 건 마리아가 부활한 예수를 '정원지기'로 오해했다는 대목 때문이다. 이 장면을 묘사한 다른 여러 그림에서도 예수는 곡괭이나 삽을 들고 때로는 밀짚모자를 쓴 모습이다.

티치아노는 한가운데 배치한 나무를 경계 삼아 오른편은 마리아가 머무는 인간의 세계를, 왼편은 부활한 예수가 거하는 영적인 세계를 묘사했다. 성(聖)과 속(俗)이다. 마리아의 뒤편으로는 언덕에 농가들이 자리 잡고 있고, 비탈길을 내려오는 농부가 보인다. 예수의 뒤편으로는 양들이 풀을 뜯는 들판과 푸른 바다가 멀리 보인다. 세속적인 공간과 영적인 공간은 얼핏 분리되어 있지만 서로 이어진다.

'놀리 메 탄게레'는 예수의 부활이라는 사건의 여러 국면 중에서도 아름답고 정감 넘치는 것이라 꽤 일찍부터 묘사되었다. 구세주가 허망하게 숨이 끊어지는 모습을 보고

[†] 「요한복음」 제20장 제17절

낙담했던 신실한 신도에게 부활한 구세주가 나타났고 다정한 목소리로 자신을 불러 주셨다. 더할 나위 없이 기쁜 노릇이고 와락 안기고 싶은 게 인지상정이다. 하지만 다음 순간 예수는 자신에게 손대지 말라며 짐짓 내외한다.

왜 만지지 말라는 것인가? 예수의 여러 언행에 대해서와 마찬가지로 '나를 만지지 마라'도 기독교 학자들의 해석은 중구난방이다. '내가 아직 아버지께 올라가지 않았다'라는 부연도 해석의 고리를 매조지지 못한다.

일단 예수님의 말씀이라면 오류가 있을 수 없으며 한마디 한 마디 모두 의미의 줄기가 통한다고 전제하는 신학자들은 어떻게든 이걸 꿰어 맞추려 한다. 예수가 인간의 몸을 입었던 시간이 지나고 이제 성령을 매개로 하느님과 새로운 관계를 정립한 것임을 가리킨다고 설명한다.

성경에는 마리아라는 이름을 가진 여성이 여럿 나오기에 종종 이들의 성격과 행적이 겹치거나 뒤섞이곤 한다. 마리아 막달레나의 출신과 행적도 이야기하자면 페이지가 많이 필요하다. 간단히 써 두면 이렇다.

첫째, 마리아 막달레나는 '일곱 악마에 사로잡혀 있었는데' 예수가 그걸 풀어 주었다. 그 뒤로 마리아 막달레나는 열두 사도와 여러 여성과 함께 예수를 따라 여행을 다니며 포교했다.

둘째, 예수가 십자가에 달렸을 때, 대부분의 사도들이 도망친 가운데서도 예수의 곁을 지켰다.

셋째, 예수가 부활한 모습을 맨 처음 보았다.

오늘날 신약에서 정전으로 인정된 부분만으로도 마리아 막달레나가 열성적인 제자였고 예수와 각별한 사이였음을 알 수 있다. 하지만 초기 기독교 시대부터 그녀의 비중은 축소되었다. 예수의 발에 향유를 바르고 머리칼로 닦은 여성과 동일시했다. 게다가 이 여성이 '죄를 지은 여성'이라는 복음서의 기록이 더해지면서 (복음서 기자 또한 당시에 정확히 알지 못한 채 대충 썼다는 정황이 분명한데) 어느새 마리아 막달레나는 '전직 창녀'가 되었다. 심지어 예수가 구해 준 이름 모를 '간음한 여인'의 이미지까지 마리아 막달레나에 겹쳐졌다. 이 때문에 미술에서 마리아 막달레나는 늘 (예수의 발을 닦았을) 치렁치렁한 머리칼과 향유 단지와 함께 등장한다.

마리아 막달레나는 부활의 첫 증인이었지만 『사도행전』을 비롯한 경전에는 이후 마리아 막달레나에 대한 언급이 없다. 가장 중요한 제자였고 제일 열성적인 사도였지만 사도의 반열에도 들지 못했고, 종교적 활동가로서의 면모보다는 참회하는 미녀로서의 이미지가 덧씌워졌다.

2016년 6월 3일 예수 성심 대축일에 프란체스코 교황이 새로운 교령을 발표했는데, 교회 전례에서 마리아 막달레나에 대한 '기념일'은 '축일'로 승격되었다. 또 교황은 성 마리아 막달레나를 '사도들의 사도Apostolorum Apostola'라고 선포했다.

과격한 연구자나 문인들은 마리아 막달레나가 예수의 부인이었을 거라고까지 주장해 왔다. 레오나르도 다빈치가 그린 〈모나리자〉는 실은 예수의 아이를 임신한 마리아 막딜레나를 그린 것이고, 예수와 마리아 막달레나 사이에서 태어난 아이가 프랑스 왕실의 조상이라고도 했다. 그리 보면 예수가 마리아에게 '나를 만지지 마라'라고 한 건 남성과 여성으로서의 관계가 끝났다는 의미라고 볼 수도 있다.

하지만 이런 불경한 해석과 추측은 제쳐 두고 되도록 온당한 방향으로 설명을 시도하자면 이렇다. 예수와 마리아는 평소에 허물없이 스킨십을 나누었을 것이다. 복음서에는 예수가 자신을 찾아와 청원하는 이들을 손을 잡아 일으켜 세웠다는 묘사가 곧잘 나온다. 예수는 사람들과 손을 비롯하여 몸이 닿는 것을 전혀 꺼리지 않았다. 부활한 예수를 보고 마리아가 대뜸 예수에게 손을 뻗은 것도 그런 맥락에서 납득할 수 있다. 물론 이런 점을 염두에 두지 않고 본다면 여자의 사랑을 외면하는 남자의 모습처럼 읽힐 만한 작품들도 있다. 이들은 만지려는 마리아와 저

프라 안젤리코, 〈나를 만지지 마라Noli Me Tangere〉, 1438

지하려는 예수의 밀고 당기기를 보여 준다.

프라 안젤리코Fra Angelico가 그린 그림에서는 마리아와 예수의 세계가 좀 더 뚜렷하게 구별되어 있다. 마리아는 정중하면서도 간절하게 몸의 중심을 앞으로 옮긴다. 예수는 사뿐한 걸음으로 마리아에게서 멀어진다. 무게가 느껴지지 않지만 그렇다고 땅 위에 떠 있는 것도 아니고, 마치 발레리나처럼 사뿐한 걸음이다. 예수의 발등에는 십자가에 달렸던 못 자국이 선명하다. 육체적으로 극한의 고통을 겪었음이 분명한데도 예수의 몸놀림은 가볍다. 예수의 육체가 예전보다 훨씬 가벼우며, 이는 예수의 육체가 근본적으로 변화를 겪었다는 암시다. 예수와 마리아 사이에 풀의 색이 조금 달라지면서 경계선을 이루도록 한 건 깜찍하다 못해 얄궂다.

안토니오 코레조Antonio Correggio가 그린 〈나를 만지지 마라〉에서는 예수가 하늘을 향해 손을 뻗어 보인다. 마리아의 열의를 가라앉히려는 것 같다. 슬퍼하지 마라. 나는 이제 하늘로 올라가야 한다. 너는 이제 너에게 주어진 소명을 다하거라. 하지만 이로써 마리아가 예수를 만질 수 없다는 사실은 더욱 강조된다.

마니에리스모(매너리즘) 화가 아뇰로 브론치노Agnolo Bronzino가 그린 〈나를 만지지 마라〉는 제작 시기로는 가장 뒤쪽이지만, 프라 안젤리코나 코레조의 그림에 비해

안토니오 코레조, 〈나를 만지지 마라Noli Me Tangere〉, 1525년경

아뇰로 브론치노, 〈나를 만지지 마라Noli Me Tangere〉, 1561

8.　돌아온

사뭇 불경하다. 그림 속의 예수는 날렵하고 관능적이다. 런웨이의 패션모델 같다. 마리아는 진지하고 신중한 표정이지만 호시탐탐 기회를 노리며 손을 움직이고 있다.

프랑스의 철학자 장 뤼크 낭시는 '놀리 메 탄게레'에 대해 아예 책을 한 권 썼다. 그 책 『나를 만지지 마라』에서 낭시는 주장했다. 진리는 우리가 그것에 닿기 전에 떠나며, 이것이 사랑의 본질이라고.

"사랑과 진리는 만지면서 밀어내는 것이다."

너는 누구도 잡거나 붙들 수 없다. 사랑하고 안다는 게 바로 그런 것이다. 그러므로 너에게서 벗어나 달아나는 이를 사랑하라. 떠나는 이를 사랑하라. 떠나려는 이를 사랑하라.

"나, 진리는, 떠나간다Moi, la vérité, je pars."

낭시는 이 장면에 멜랑콜릭한 정조를 불어넣었다. 왠지 이렇게 아련한 슬픔과 함께 '놀리 메 탄게레'라는 말 자체도 떠나보내 버리면 될 것 같다. 하지만 문제는 좀 더 복잡하다. 이 이야기가 담긴 『요한복음』의 다른 부분에서도 해결하기 어려운 모순이 등장한다. 마리아 막달레나를 만나서는 자신을 만지지 말라고 했던 예수가 사도 토마스 앞에 나타나서는 자신의 몸에 난 상처를 만져 보게 한다. 예수가 사도들에게 나타났을 때 하필 자리에 없었던 토마스는, 예수가 부활했다는 말을 전해 듣고도 자신이 예수의 몸에 났던 상처를 직접 만져 보기 전까지는 믿을 수 없다고 했던 것이다. 예수는 토마스에게 핀잔을 준다. "너는 나를 보고서야 믿느냐? 보지 않고도 믿는 사람은 행복하다." 보지 않고도 믿어야 하지만 보고도 만져서는 안 된다는 것이다.

> "내 손과 내 발을 보아라. 바로 나다. 나를 만져
> 보아라. 유령은 살과 뼈가 없지만, 나는 너희도
> 보다시피 살과 뼈가 있다."[†]

이걸로도 모자라다는 듯, 예수는 사도들과 함께 빵과 생선을 먹는다(『요한복음』과 『루카복음』). 살과 뼈가 있고 음식도 먹는 존재. 이는 살아 있음을 증명한다.

신약의 네 복음서에서 모두, 예수는 부활한 뒤로 성격이 달라졌다. 생전에 예수는 사도들이나 주변 사람들의 불손한 말을 귓등으로 듣기도 하고 일의 경중을 대범하

---

† 『루카복음』 제24장 제39절

게 나누며 처신했지만 부활한 뒤로는 깐깐하고 요구가 많아졌다. 생전에 그는 너무 눈에 띄지 않고 군중과 거리를 두기 위해 여러모로 애썼지만 부활한 뒤로는 자신을 곧잘 드러냈다. 생전에는 전혀 하지 않던 '평안한가?'나 '너희에게 평화를' 같은 인사도 했다.

여전히 의문은 풀리지 않는다. 왜 만지지 말라고 했을까? 만약 마리아가 예수의 말을 거역하고 손을 뻗어 만졌다면 예수의 몸이 만져졌을까? 만져지지 않을 거라면 예수는 굳이 자신의 몸을 만지지 말라고 할 필요가 없었다. 만져질 거라면 이 경우에도 예수는 굳이 자신의 몸을 만지지 말라고 할 필요가 없었다. 몸은 만져지기 위해 존재하기 때문이다.

되살아난 예수의 언행에 논리와 일관성을 부여하기 위해 나는 이런 상상을 해 본다. 설령 되살아났다 해도 그에게는 아직 죽음이 '묻어' 있다. 예수는 한때 자신이 되살린 라자로처럼 얼떨떨한 상태였다. 마리아 막달레나를 보자 반가운 마음에 불렀지만 곧이어 자신이 죽음의 세계에 있었다는 사실이 떠올랐다. 죽음으로부터 마리아를 멀리 두어야겠다는 생각뿐이었다. '나를 만지지 마라'라는 말은 이렇게 헤아려 볼 수 있다.

"나를 만지지 마라. 죽음이 아직 내게 묻어 있다. 나는 온전히 이 세상에 속하지 않는다."

언제나 다른 누군가가   죽는다

빛이 밝을수록 어둠은 짙듯이 모두가 언젠가는 죽는다는 사실이 삶에 의미와 긴장을 부여한다고들 한다. 냉정히 말해 죽음을 의식한다고 해서 사람이 경건해지지는 않는다. 경건함은 고유의 원리를 따를 뿐이고, 오히려 죽음을 의식할수록 유한한 삶을 한껏 즐겨야겠다는 반발심이 강해진다. 이로써 삶을 더욱 적극적으로 받아들이게 했으니 죽음은 좋은 것일까?

혹자는 죽음을 의식해야 삶도 지탱되고, 삶에 의미도 생긴다고 대응한다. 나도 그렇게 말하고 써 왔다. 돌이켜 보면 하나마나한 소리 같다. 죽음을 의식하라는 당부는 쓸모없다. 그래도 말을 조금 바꿔 볼 수는 있지 싶다. 죽음을 모르는 척하지 말라고. 다시 또 들여다보면 죽음을 모르는 척하는 것 역시 공포와 강박과 싸우는 저마다의 방식일 수 있다. 무슨 말을 더 보태랴.

『죽음과 죽어감』을 비롯한 죽음에 관한 저작으로 유명한 엘리자베스 퀴블러 로스는 이상적인 죽음을 '영혼의 완전한 상태'라고 이야기한다. 죽음을 맞는 순간에 어떤 원망과 불안이 없는 것이다. 그는 모두 용서하고 모두 받아들인 채로 맞이하는 죽음이 바람직하며, 주위에서도 적극 도와야 한다고 말한다.

이제 로스도 고인이 되었다. 그가 맞은 죽음은 영혼의 완전한 상태였을까 궁금해진다. 한편으로 영혼의 완전한 상태가 무엇을 위한 것일지 의구심이 든다. 결국 남은 자가 보기에 편한 죽음이다. 남은 자들의 미학을 떠나는 자들에게 적용하는 게 옳을까? 평온한 죽음인지는 어떻게 판단할 것이며, 그 너머에 뭐가 있는지는 어떻게 짐작할까?

죽은 다음에는 어떤 세상을 만날까? 천국에는 무엇이 있을까? 먼저 나를 떠난 부모, 연인, 자식, 반려동물을 만날지도 모른다. 그럼 행복할까? 아버지보다 나이를 더 먹게 되어도 아버지는 아버지일까? 사랑하는 이를 다시 만나면 당장은 기쁘겠지만 이승의 질서로 해결할 수 없는 여러 문제가 생길 법도 하다. 그곳 나름의 규칙과 법도도 있지 않을까? 또 관계라는 건 언제든 권태로워질 수도 곪았던 감정이 다시 터져 나올 수도 있다.

문제는 지속이다. 천국에서는 지속을 느끼지 못할 수도 있다. 거꾸로 지옥에서는 지속을 곱으로 느낄 것이다. 그래야 고통이 증폭될 테니까.

죽음에 관해 말하면 할수록 수렁에 빠져들어 가는 느낌이다. 죽음은 내 곁에서 커다란 입을 벌리고 있는 구멍이다. 인식의 심연이다. 이처럼 거대한 공백을 끼고 지내면서 오늘 일을 생각하고 내일 계획을 세울 수 있다는 자체가 삶의 놀라운 면이다.

지금까지 숱한 작품과 여러 이야기, 생각의 조각들을 끄집어 와서 죽음을 이야기했지만 결론을 내릴 수는 없다. '죽음에는 의미가 없다.' 죽음은 죽음 그 자체다. 우리가 애써 의미를 부여할 뿐이다. 죽음은 사라짐이고, 죽음의 의미조차 죽음과 함께 사라진다. 우리는 죽음 뒤에 남겨진 것을, 한때 살아 곁에 있던 존재의 흔적을 붙들 뿐이다.

평생 말장난을 즐겨 하던 예술가 마르셀 뒤샹Marcel Duchamp이지만 죽음에 대해서만은 묘하게 진지한 말을 남겼다. "죽는 이는 언제나 다른 이다." 바꿔 말하면, 죽으면 다른 이가 된다. 끈덕지게 들러붙는 자아의 껍질을 벗고 진정으로 다른 존재가 되는 길이다.

그래서 이렇게 말할 수 있겠다. '죽음은 경이롭다.'

기획 단계에서의 제목은 '그림으로 떠나는 저세상으로의 여행'이었다. 가제이므로 실제와는 가장 거리감이 있을 제목을 달았다. 처음부터 명확한 콘셉트와 방향을 갖고 시작하는 책들은 가제가 그대로 제목이 되기도 하지만 죽음을 다룬 그림을 살펴보자는 막연한 이야기로 출발한 책이었다. 결과적으로 저세상에 대한 이야기는 없다. 죽음을 말하고 쓰고 그린 이들 모두가 저세상을 경험해 보지 못했을 테니까. 기획 단계에서는 저기 세상에서 여기 세상으로 완성된 책이라고 할까.

여기 실린 저자와 편집자의 대화는 이제 책을 독자에게, 책을 이 세상에서 저 세상으로 보내며 남기는 작은 의례다. 죽음을 다룬 책이라 꼭 필요하겠다 싶었다. 다만 '장례식'이 아니라 '탄생식'에 가깝다. 『죽음을 그리다』는 작가의 말('나오며')로 끝나지만 장례식에서는 이야기가 끊이지 않는 법. 끝인 걸 알면서도 좀처럼 자리를 떠나지 못하는 이들도 있다.

죽음 후에 남은 것들

편집자 기획에서 출간까지, 4년이라는 긴 시간이 걸렸습니다. 사실 절반 넘게는 지지부진했어요. 그러다 책의 서두에도 나와 있듯이 아버님의 부고 이후 거짓말처럼 책의 방향이 정해지고, 집필에 이르러 완성될 수 있었습니다.

이연식 원래 방향을 잡는 기간이 가장 길고 지난한 법이죠. 죽음에 대한 책을 써 보면 어떻겠냐는 제안은 매우 매혹적이었습니다. 덥석 수락했지만 어떻게 써 나가야 할지 끙끙댔던 남모를 고통도 있었습니다. 경험할 수 있는 직접적인 죽음은 없거든요. 체험해 볼 수 있는 대상이 아니니까. 그러나 인간이 경험할 수 있는 영역에서의 가장 직접적인 죽음을 겪고 나서 비로소 나아갈 수 있었습니다.

편집자   저도 비슷한 시기에 조부상을 당했습니다. 임종과 3일의 장례 기간은 짧지만은 않은 시간이죠. 저희 집은 화장 대신 매장을 했는데 나란히 놓여 있는 여러 무덤을 보면서 만감이 교차했습니다. 평소에는 아주 잊고 지내다 이런 시간이 주어지면 죽음이 나와 얼마나 가까이 있는지 또 그것을 둘러싼 사람들의 인식이나 장례 과정, 태도 등은 어떻게 변하는지 도저히 생각하지 않을 수 없죠.

이연식   고인의 명복을 빕니다. 가족의 죽음은 인간이 겪을 수 있는 가장 충격적인 사건 중 하나입니다. 한데 지나고 보면 인생사의 필연적인 과정이라고, 어느 정도 달관하게도 됩니다. 이렇게 말하고 있지만 그 사이의 거리가 꽤 먼 것 같긴 해요. 여전히 마음이 복잡하거든요.

편집자   타인의 죽음과 내 가족의 죽음이 갖는 무게 차이는 정말로 큽니다. 선생님과 책을 준비했던 4년 동안 우리는 여러 죽음을 읽고, 듣고, 경험했음이 분명한데 그것들은 거의 기억나지 않고 가족의 죽음만이 또렷하게 남았으니까요. 『죽음을 그리다』를 읽어 주실 독자들도 동감할 것 같습니다. 책 앞부분에서 오늘날의 사람들은 너무나 쉽게 죽음을 이야기한다고 쓰셨어요. 수많은 미디어에서 하루도 빠짐없이 온갖 죽음이 등장하고, 죽음에 준하는 우울과 무기력은 모두의 관심사가 되었습니

다. 문득 의문이 드는데요. 우리는 왜 죽음을 금기로 여기는 걸
까요?

이연식　예전에는 신문 사회면이나 저녁 뉴스에서 별의별 사건
들에 대한 소식을 접할 수 있었고, 요즘도 인터넷 뉴스와 각종
SNS에는 갑작스럽고 안타까운 죽음의 사례들이 넘쳐 납니다.
사람들은 관성적으로 그런 뉴스를 보면서 안타까워하고 슬퍼하
곤 하죠. 그런데도 정작 죽음을 자기 일처럼 여기지는 않는다고
할까요? 인간이란 언제 죽을지 모르는 처지라는 사실을 철저히
부인하려 합니다. 그 저류에는 죽음을 통해 이 세상에서 영원히
추방되는 데 대한 두려움이 자리하는 게 아닌가 싶어요.

편집자　'이 세상에서 영원히 추방되는 데 대한 두려움'이라…
제 마음을 들여다보신 것 같네요. 이따금 이런저런 공상 끝에
죽음에 관련된 공상도 하는데 매번 저를 둘러싼 모든 것은 그대
로인데 저만 없거든요. 선생님 말씀에 조금 덧붙이자면 이 세상
에서 '나만' 영원히 추방되는 데 대한 두려움입니다. 그럴 때 그
운명이 나만의 것이 아니라는 걸 위안으로 삼는 제가 치졸해 보
이기도 해요.

이연식　대부분의 사람들이 그럴 거예요. 우리가 이상적으로
여기는 죽음은 기대 수명을 살고, 일과 개인적인 성취를 어느 정

도 이룬 다음의 죽음이잖아요. 그런 사람들은 경험적으로 여러 추방을 겪었고, 상당수의 성취가 이쪽이 아닌 저쪽 세상에 있기 때문에 죽음을 조금은 너그럽게 바라볼 수 있는 겁니다.

편집자　공감합니다. 갑작스러운 사고가 아닌 이상 죽어 가는 과정을 인지하고 바라보고 수용하게 된다고 하잖아요. 내가 죽는다고 하면 지금 이 상태에서 갑자기 죽음으로 '변신'하는 상황을 떠올리는 것이 우리가 죽음에 갖는 오해와 편견의 시작일 수도 있겠네요. 『죽음을 그리다』가 그런 부분을 많이 다룹니다. 사고사, 살인, 병, 노화 등은 물론 자살과 살인까지. 저도 편집 과정에서 내가 죽음을 얼마나 막연하게 생각해 왔는지 깨달았습니다.

이연식　죽음의 과정을 가능한 한 여러 국면으로 나누어 따져 보려고 했습니다. 성향과 기질의 차이겠지만 어떤 주제든 냉정하고 차분하고 똑바로 바라보려고 합니다. 죽음과 관련된 이야기는 대개 죽음을 두루뭉수리하게 다루려는 경향이 있지만 이 책처럼 여러 국면으로 나누어 하나하나 파헤치다 보면 끝내 복잡함과 모순이 도드라지게 됩니다. 쉬이 받아들이기 어려운 그런 것들을 의식하게 하려는 방식입니다.

편집자　시종일관 진지한 태도를 보여 주시지만 곳곳에서 '그런데 이건 이상하지 않습니까?'라고 반문하셔서 예상치 못한 웃음이 여러 번 터졌습니다.

이연식   까마득한 어린 시절, 장남이었던 터라 부모님과 함께 집안 행사를 비롯하여 어른들의 자리에 자주 불려 갔습니다. 그럴 때마다 어머니가 저를 붙잡고 신신당부하셨죠. "아무 말도 하지 말고 가만히 있어라." 소란스런 아이는 아니었지만 호기심은 많아서 어른들을 관찰하다 보면 이상한 점이 한둘이 아니었거든요. 그걸 입 밖으로 꺼내지는 않았지만 늘 품고 있었던 거죠. 그런 부분들이 발현된 게 아닌가 싶습니다. 예전에는 부당하다 생각했지만 감사한 일이기도 하네요.

편집자   죽음을 다룬 책이라고 해서 잔뜩 겁을 먹거나 혹은 한껏 진지하게 책을 펼친 독자들의 긴장을 풀어 주는 장치이기도 하고요. 요즘은 나이 드는 일을 죽음보다 무서워합니다. 그건 죽음에 대한 금기와도 밀접하게 닿아 있고요. 영화 《유스》를 보면서 새삼 '그래, 어떤 사람은 젊고 또 어떤 사람은 나이 들었지'란 깨달음을 얻었어요. 사람들은 이렇게 뒤엉켜 살아가는 건데, 상대적으로 나이가 젊은 쪽에서는 나이 든 사람들을 만날 일이 없으니 잊었던 겁니다. 반대도 마찬가지겠죠.

이연식   죽음이라는 동일한 종착점을 앞두고는 반대 방향의 의식은 작용하지 않는 듯 보입니다. 나이 들어 어떤 상태가 되는지는 오로지 나이를 들어서만 알 수 있으니까요. 나이가 들면 어떻게 된다는 걸 이미 나이가 든 당사자들의 말이나 여타 언급을 통해 알 수는 있는데, 문제는 젊은 쪽에서는 그걸 실감하기가 어렵기도 하고 애초에 진지하게 생각하지 않으려 한다는 거죠. 요즘은 세대 간 소통이 될 수 있는 건지, 근본적으로 불가능한 일은 아닌지 회의와 불안에 사로잡힙니다. 나이 들면 비로소 절감하게 되는 걸 뒤에서 오는 이들은 막상 자신에게 닥칠 때까지는 전혀 알지 못하죠. 죽음도 비슷하지 않을까 싶어요. 벼랑 끝에 이르러서야 내려다보이는 심연 같은 거랄까요?

편집자   우리는 늘 알 수 없는 대상에 커다란 공포를 갖기 마련이니까요. 현대는 궁금증이 사라진 시대가 되었지만 죽음만은 여전히 미지의 대상이고요. 그러고 보면 인간이 가늠할 수 있는 죽음의 절차라고 할까, 죽음의 배웅은 장례까지인 듯합니다. 실은 장례 과정이 정말 죽은 자를 위한 것인지도 의문입니다. 고인의 유언이나 작은 바람도 묵살되는 경우를 왕왕 봐 왔고요.

이연식   많은 의례가 그렇죠. 결혼식도, 돌잔치도… 당연히 장례도 그렇고요. 고인 때문에 거행되는 의식이지만 고인에게 가서 닿을 수 있을까 하는 의구심이 듭니다. 염(殮)할 때 보면 고인의 시신은 아무 상관도 없다는 표정입니다. 마음의 격정과 흐르는 눈물을 참기 어려운 의식인데, 어찌 보면 너무나 기막히고 난감해서 감정이 복받치는 게 아닐까 합니다.

편집자 또 염은 어린아이는 참관하지 않기 때문에 '어른의 의식' 같은 부분이 있습니다. 보통 조부모나 부모상 때 처음 참관하죠. 그리고 보통의 사람들은 부모상을 먼저 겪기에 부모상을 치르면 '다음은 나'라는 생각이 든다고 하더라고요. 부모를 잃은 슬픔 한편으로 다음은 내 차례라는 공포도 자리한다고 말할 수 있습니다.

이연식 저보다 먼저 부친상을 겪은 친구가 있는데, 저희 아버지 장례 때 그런 이야기를 나누었어요. "이제 우리는 진정으로 어른이 되었다." 앞선 세대를 보내고 이제 맨 앞줄에 섰습니다. 죽음이 바라보는 눈길 맨 앞에 선 셈이죠. 책에도 그때 느낀 경험과 생각들이 담겨 있고요.

편집자 선생님의 저술에는 늘 다양한 영화, 책(소설), 드라마가 등장합니다. 『죽음을 그리다』에는 영화 《로마 제국의 멸망》, 《사랑과 영혼》, 《글래디에이터》, 《13일의 금요일》, 《다크 나이트》, 《꿈》, 소설 『불멸』, 『서부 전선 이상 없다』, 『아이반호』, 『테레즈 라캥』, 『햄릿』, 『원숭이의 손』, 그리고 드라마 《도깨비》, 《전설의 고향》, 《CSI 라스베가스》는 물론이고 애니메이션《플란다스의 개》도 나와요.

이연식   이야기에 기대면 미술 작품을 받아들이기가 훨씬 더 수월하거든요. 모두 예술의 영역 안에 있는 것들이라 연관성도 크고요. 어떻게 하면 미술과 예술의 풍부하고도 흥미로운 모습을 전달할까 고민하는 것이 일이라 여기저기서 이야기를 끌어오는 게 습관처럼 되어 버렸습니다. 어떤 자리에도 이야기는 필요하고요. 스스로 『아라비안나이트』의 세헤라자드라고 여기고 씁니다.

편집자   1천 개의 이야기, 그 이상이 남아 있단 뜻으로 읽히는데요? 선생님의 이야기보따리에는 있는데 책에는 없는, 그렇지만 눈여겨보면 좋을 작품이 있을까요?

이연식   이야기로 연결시키기 어려운 작품은 책에 실리지 않는 경향이 있습니다. 그런 작품들을 소개할 계기를 계속하여 힘껏 찾아보려 합니다. 폴란드 화가 즈지스와프 벡신스키의 작품은 무척 매력적이고, 독일 화가 카스파르 다비트 프리드리히의 그림은 언제 봐도 좋지요.

편집자   독자를 대신한 질문이기도 한데요. 밀란 쿤데라의 『불멸』을 인용하셨습니다. 아녜스는 왜 남편이 도착하기 전에 자신이 먼저 죽기를 바랐을까요?

이연식　쿤데라는『불멸』에서 진지한 가치를 고수하는 인간과 냉소적인 농담의 세계에 속한 인간을 대립시켰습니다. 전자는 세상의 구조와 가치에 확신을 지닌 완고한 이들이고, 후자는 남에게 명료하게 설명하지는 못하지만 세상이 단순하지도 또 진실하지도 않다고 생각하며 세상이 제시한 가치에 얽매이고 싶어 하지 않습니다. 단순한 예를 들겠습니다. 결혼한 이들에게 '다시 태어난다고 해도 지금의 배우자와 결혼할 것인가?'라고 곧잘 묻습니다. 그럼 '그렇다'고 대답하는 사람들과 '그렇지 않다'라고 대답하는 사람들로 나뉘겠죠? 아녜스의 남편인 폴은 '그렇다'라고 대답하는 사람이고, 아녜스는 '그렇지 않다'라고 대답하는 사람입니다. 사랑의 문제가 아닙니다.

편집자　『불멸』에 아녜스가 그 질문에 답하는 부분이 나오죠. 편집 과정에서는 지금 잡고 있는 책과 연결된 주제에 나도 모르게 이끌리는 편이라 죽음을 다룬 영화를 여럿 봤습니다. 《학생부군신위》와 《스틸 라이프》가 특히 기억에 남는데요. 《학생부군신위》는 우리나라 전통 장례를 잘 그렸어요. 개봉 당시인 1996년 시점에서는 바뀌어 가는 장례 문화였겠지만 사반세기가 지난 지금의 눈으로 보면 어떻게 저런 장례가 가능하지 싶기도 합니다. 반면 《스틸 라이프》는 저의 장례를 그리게 되었습니다.

가족 없이 혼자 죽은 이의 장례는 어떤 모습일지. 1인 가구도 늘고, 비혼도 많아지는 앞으로는 죽음 이후의 상황도 많이 달라지겠죠?

이연식　고독사도 계속해서 늘어날 겁니다. 물론 고독사한 이들을 직접 대하는 분들은 늘 사명감과 존중심을 갖고 애쓰겠지만, 사회 구성원 대부분은 마치 늙어 쓸모없게 된 가축을 폐사시키는 듯한 과정 속으로 밀려들어 가겠죠. 지금도 이미 어느 정도 그렇게 되었고요. 사회적으로 영향력과 명망 있는 이들의 죽음과 아무도 돌아보지 않은 이의 죽음의 격차가 너무 커졌습니다. 죽음 앞에서 모든 인간은 평등하다 외쳐 왔지만 인간 세상의 불평등과 모순은 삶이 그렇듯 죽음에도 적용됩니다.

편집자　『죽음을 그리다』는 독자들에게 어떤 의미를 가질 수 있을까요? 솔직히 말하면 주제만으로도 꺼리는 사람이 있을 거라는 두려움도 있습니다. 책을 기획하면서부터, 그리고 편집하면서는 더욱, 여러 사람이 이 책을 꼭 읽어 주길 바라며 작업했습니다. 죽음을 잊지 않았으면 하고, 멀리 버려두지 말아야 한다고 생각했습니다. 이 책은 무겁고 진지하지만은 않게, 오히려 유머와 풍부한 논의를 통해 모두가 막연히 의심했지만 누구도 입 밖으로 꺼내지 않았던 죽음에 얽힌 궁금증을 꺼내 보는 계기가 될 수 있다고 자신합니다.

이연식 덮어 두고 싶은 문제를 다루었기에 불편할 수 있고, 어떤 사람은 작가가 문제를 다루는 방식이 마뜩잖을 수 있습니다. 그렇다고 죽음을 언제까지고 부정하고 외면할 수만은 없을 테니 『죽음을 그리다』가 생각의 작은 실마리라도 이어 가는 계기가 될 수 있다면 좋겠습니다. 책에 쓴 그대로 '거창하게는 인류의 숙명을 의식하며 소박하게는 죽음을 견디는 데 보탬이 되기를 바라며 예술 속에 드러난 죽음을 이야기하려' 했으니까요. 이제부터는 독자의 것입니다.

죽음을 그리다

초판 1쇄 인쇄일 2021년 11월 15일
초판 1쇄 발행일 2021년 11월 22일

지은이 이연식

발행인 박헌용, 윤호권
편집 이경주 **디자인** 서은주
발행처 ㈜시공사 **주소** 서울시 성동구 상원1길 22, 6-8층(우편번호 04779)
대표전화 02-3486-6877 **팩스(주문)** 02-585-1755
홈페이지 www.sigongsa.com / www.sigongjunior.com

ISBN 979-11-6579-796-6 03100

*시공사는 시공간을 넘는 무한한 콘텐츠 세상을 만듭니다.
*시공사는 더 나은 내일을 함께 만들 여러분의 소중한 의견을 기다립니다.
*잘못 만들어진 책은 구입하신 곳에서 바꾸어 드립니다.

❖
─────────

이
연
식

서울대학교 미술대학에서 서양화를 전공하고,

한국예술종합학교 예술전문사 과정에서 미술이론을 공부했다.

현재 미술사를 다각도로 살펴보며 예술의 정형성과 고정관념에

도전하는 다양한 저술, 번역, 강연 활동을 하고 있다.

『이연식의 서양 미술사 산책』, 『유혹하는 그림, 우키요에』,

『응답하지 않는 세상을 만나면, 멜랑콜리』,

『뒷모습』, 『드가』 등을 썼고,

『무서운 그림』, 『예술가는 왜 책을 사랑하는가?』,

『컬러 오브 아트』 등을 우리말로 옮겼다.